Judas, le deuxième jour

Du même auteur

ROMANS

La Grande Triche, Grasset, 1977
Une voix, la nuit, Grasset, 1979
La Rumeur de la ville, Grasset, 1981
Maria Vandamme, Grasset, 1983
Prix Interallié
Alice Van Meulen, Grasset, 1985
Au début d'un bel été, Grasset, 1988
Catherine Courage, Grasset, 1991
Laura C., Grasset, 1994
Théo et Marie, Robert Laffont, 1996
Les Héritières : Aline (tome I), Plon/Le Seuil, 2000
Les Héritières : Aurélie (tome II), Plon/Le Seuil, 2000
Les Héritières : Céline (tome III), Plon/Le Seuil, 2001
Yvonne-Aimée n'a pas son âge, Albin Michel, 2007

BIOGRAPHIES

Saint Éloi, Fayard, 1985
Jean Bart, Le Seuil, 1992

ESSAIS

Demain, une Eglise sans prêtres ?, Grasset, 1968
Les Catholiques français sous l'Occupation,
1966, nouvelle édition, Grasset, 1986
Les vents du Nord m'ont dit, Albin Michel, 1989
Jésus, Flammarion-DDB, 1994, nouvelle édition 2005
Le Dieu de Jésus, Grasset-DDB, 1997
Le Bonheur en 36 vertus, Albin Michel, 1999
Dieu expliqué à mes petits-enfants, Le Seuil, 1999
Marie, Plon, 2004
Dieu, malgré tout, Stock-Plon, 2005

Jacques Duquesne

Judas, le deuxième jour

PLON
www.plon.fr

© Plon, 2007
ISBN : 978-2-259-20603-7

AVANT-PROPOS

Voici la rencontre de deux énigmes.

La première est incarnée par un homme : Judas.

Bob Dylan, le chanteur rock, avait posé la question voici quelques décennies : « A vous de décider, chantait-il, si Judas l'Iscariote avait Jésus de son côté. »

Il n'était pas le premier, et de loin, à dire sa perplexité. Depuis des siècles, la personnalité et les sentiments de cet apôtre déchu ont suscité débats et interrogations multiples. Les Evangélistes*[1] reconnus par les Eglises chrétiennes, qui le présentent comme un traître, ont divergé sur ses mobiles. Et voici que la découverte récente d'un « évangile de Judas* », texte apocryphe dont on connaissait l'existence depuis le IIe siècle, a relancé le débat en le présentant comme associé à Jésus pour faciliter la capture et la mort de celui-ci.

Faut-il voir en lui, comme l'ont fait la plupart, le mal dans sa pire expression, le plus grand des pécheurs ? Ou au contraire l'ami le plus sûr et le plus calomnié du Maître ? L'homme qui accepta la plus infamante et la plus déchirante des missions, parce que Jésus voulait être pris pour s'offrir en sacrifice* à Dieu son Père ? Ou encore un homme très religieux qui avait fini par voir en Jésus un danger pour le judaïsme ? Ou enfin un de ses fidèles, pressé de

---

1. Tous les mots suivis d'un astérisque sont commentés ou expliqués dans un Glossaire en fin de volume, p. 169.

le voir enfin s'engager plus avant pour établir son royaume sur terre ?

Ces questions sont capitales. Puisqu'il s'agit du sens de la mort de Jésus. De la signification de la Croix.

Les premiers à s'interroger furent, d'évidence, ses compagnons et ses compagnes dès qu'ils l'ont vu arrêté, torturé et sacrifié. Car l'idée d'un Messie souffrant n'était pas du tout envisagée par les Juifs à cette époque. Saint Paul l'a bien dit dans sa première lettre aux Corinthiens (1, 23) : « Nous prêchons, nous, un Christ* crucifié, scandale pour les Juifs et folie pour les païens. » Soulignons « scandale » et « folie ». Et passons à la deuxième énigme.

Dans son livre *Jésus de Nazareth*[2], signé Joseph Ratzinger Benoît XVI, le pape a souligné l'importance revêtue dans la Bible par le Troisième jour. C'est notamment un troisième jour que se produit, sur le mont Sinaï, « tout fumant », et « tremblant », la rencontre décisive entre Yahvé et Moïse. D'autres exemples de « théophanies », de révélations de Dieu, se situent aussi un troisième jour. C'est le « troisième jour », enfin, que Marie-Madeleine (voir Myriam de Magdala*) d'abord, quelques disciples ensuite, virent Jésus ressuscité.

Mais le deuxième jour, le lendemain de sa crucifixion* ?

C'est l'autre énigme.

Car il n'existe dans la partie de la Bible appelée Nouveau Testament par les chrétiens* aucune indication sur ce qui s'est passé ce jour-là. Pas une ligne, pas un mot, dans les Evangiles*, les Actes* des Apôtres*, les Epîtres. Rien. Or, on peut se représenter les affres qu'ont connues les plus proches compagnons et compagnes de Jésus, quelles questions ils se sont posées, quels débats les ont opposés. Sur sa mort bien sûr, les raisons de celle-ci, son enseignement, le sens de l'extraordinaire aventure qu'ils venaient de vivre. Et sur Judas, apparu comme l'un des principaux acteurs de l'événement qui allait bouleverser l'histoire du monde.

2. Voir Bibliographie, en fin d'ouvrage, p. 225.

Ce deuxième jour est donc celui d'une naissance : celle de la théologie chrétienne, dans la douleur et la fièvre de ces débats. Une théologie encore fragile, balbutiante, incomplète, puisque l'événement-résurrection n'a pas suivi encore l'événement-mort. Mais ce qui s'est dit ce jour-là a orienté la suite. Et parce que l'on connaît cette suite, on peut tenter d'approcher ce qui s'est dit ce jour-là. Et qui fut fondamental.

J'ai tenté de l'imaginer. Le texte que voici n'est pas un roman à sensation ou à suspense ; on n'y trouvera guère de révélation aussi hasardeuse que fracassante. C'est un récit qui se veut éclairant. Je me suis interdit de mettre directement aucune parole de mon cru dans la bouche des personnages. De même, par respect pour l'Histoire et l'Ecriture, l'origine des citations tirées de la Bible est toujours signalée. Quant aux réactions et aux sentiments prêtés à chacun, ils correspondent autant qu'il est possible à ce que les Evangiles et les Actes des Apôtres laissent percevoir parfois de leur tempérament et de leur comportement habituel.

Je commenterai, ensuite, en quelques pages, divers éléments de ce récit, afin d'en tirer mes hypothèses et mes conclusions.

Enfin, on trouvera en dernière partie de cet ouvrage un glossaire expliquant la plupart des termes utilisés, donnant aussi toutes informations et commentaires sur les sources qui m'ont servi.

Tous les faits évoqués dans ce texte par les proches de Jésus ne sont pas historiques au sens où nous entendons aujourd'hui ce terme. Mais puisqu'ils sont tirés des Evangiles écrits au cours du même siècle, ils participent aux premières élaborations de la théologie chrétienne. Et aux premiers jugements sur Judas.

J.D.

ABRÉVIATIONS

Dans les notes qui renvoient aux textes des Ecritures, les abréviations désignent les livres de la Bible, le premier chiffre renvoie au chapitre, les chiffres suivants aux versets.

Ac	Actes des Apôtres	Lv	Lévitique
Am	Amos	Lm	Lamentations
Dn	Livre de Daniel	2M	Deuxième livre des Maccabées
Dt	Deutéronome	Mc	Evangile selon Marc
Ep	Epître de Paul aux Ephésiens	Mt	Evangile selon Matthieu
Esd	Livre d'Esdras	Nb	Livre des Nombres
Ex	Exode	Os	Livre d'Osée
Ez	Livre d'Ezéchiel	Ps	Psaumes
Gn	Genèse	1 R	Premier livre des Rois
He	Epître aux Hébreux	2R	Deuxième livre des Rois
Is	Livre d'Isaïe	2 S	Deuxième livre de Samuel
Jn	Evangile selon Jean	2 Tm	Deuxième épître à Timothée
Jr	Livre de Jérémie	Za	Livre de Zacharie
Lc	Evangile selon Luc		

LE DEUXIÈME JOUR À JÉRUSALEM

Le coq chanta. Puis chanta de nouveau. Encore et encore. Très près. Tout près. Dans l'oreille de Simon-Pierre. Comme pour lui envahir le crâne. Jusqu'à le faire éclater. Et Simon-Pierre* se débattait pour se libérer, échapper au cauchemar.

Il s'éveilla, comprit qu'il ne s'évadait pas d'un très sombre rêve, crut voir, vit enfin, oui, c'était cela, une tête, la tête de l'autre, l'homme qui imitait le coq, gueule ouverte sur des dents noires. Un inconnu dont il peinait à distinguer les traits dans la pénombre et qu'il saisit aux épaules, rapide, avant de lui cogner la tête, brutal, comme il avait appris à le faire gamin. Et comme il le faisait encore quand un rival, un malandrin ou un jaloux, tentait de lui dérober le fruit de sa pêche, avant.

Avant qu'il rencontrât Jésus.

Ils s'effondrèrent. Simon-Pierre et l'inconnu. Assommés. Puis l'homme remua. A peine. Glissa, silencieux. Tenta de ramper, échappa à la main que Simon-Pierre, épuisé, tendait vers son pied, se redressa et détala. Quelques ombres, vers la porte, s'agitèrent quand il disparut, retombèrent vite. Des voix, proches, bourdonnèrent, s'éteignirent bientôt.

Judas. Simon-Pierre se prit à penser que c'était peut-être Judas. Judas disparu depuis... depuis quand ? Il ne savait plus ni le jour ni l'heure. Depuis l'arrestation*, depuis qu'ils avaient mis la main sur Jésus. Deux nuits. Deux nuits déjà.

La première, effroyable, celle du procès*. Il avait suivi de loin la petite troupe qui emmenait le Maître jusque chez les Grands Prêtres*, avant de fuir, de dire qu'il ne connaissait pas cet homme, cet homme pour lequel, pourtant, il avait tout quitté, femme, enfants, parents et travail.

Depuis, il avait vécu dix fois, cent fois, cette nuit terrible qui s'était terminée par le chant du coq, cette nuit où il avait abandonné Jésus, comme celui-ci l'avait prédit – « Avant que le coq chante, trois fois tu m'auras renié[1] » – cette folle nuit où ils avaient torturé le Maître, en avaient fait une loque de sang, lui, le Messie, bientôt cassé sous une poutre de bois dont ils allaient faire une croix.

Comment comprendre ? Que comprendre ? Que faire maintenant ? Quitter cette ville d'assassins ? Une ville, pourtant, où battait le cœur d'Israël...

Aussitôt après la mort, il avait pensé partir (il refusait de se dire « fuir », il voulait penser « partir » ; une vraie bataille de mots dans sa tête en feu). Mais trop las, à bout de souffle, de force et d'espoir, il s'était traîné dans la cité, avait fini par retrouver la Chambre Haute, la pièce où ils avaient pris avec Jésus le dernier repas*. Et il s'était affalé. Comme le Maître dans les étroites ruelles qui menaient au Golgotha*. Mais lui, Jésus, presque un cadavre déjà, se redressait, repartait, chancelant, l'épaule sciée par l'épaisse poutre qu'il traînait, avançait quand même. Tandis que Simon-Pierre...

Il ne savait plus comment il avait réussi à monter jusque-là, la nuit tombée. La deuxième nuit, donc. Qui s'achevait puisque l'on apercevait, là-bas, les premières lueurs de l'aurore. Tout à l'heure, le soleil se lèverait vraiment sur Jérusalem*. Alors, il serait possible de « reconnaître une personne connue à une distance de quatre coudées ». Alors, il pourrait réciter le Chema Israël*.

C'était la condition, la règle apprise dès le plus jeune âge : pas question de dire la grande prière avant qu'il fasse

---

1. Mt 26, 34.

assez clair pour que l'on puisse reconnaître une personne à cette distance. Quatre coudées. Or, il ne distinguait même pas les ombres étendues à quelques pas, qui s'étaient agitées au départ de l'inconnu avant de retomber, sans doute abruties de fatigue comme lui. L'heure n'était pas encore venue où il pourrait répéter : « Ecoute Israël, l'Eternel est notre Dieu, l'Eternel est un. Béni soit à jamais le nom de son règne glorieux. »

Il se revit, enfant, aux côtés de son père dans la synagogue* de Capharnaüm quand le chantre, un colosse à la barbe rousse, entamait le Chema, montrant les rouleaux* de la Loi* avant de les amener à la tribune où quelques autres en feraient lecture. Le bonheur. La vie simple. Il serait bientôt réconforté, pensa-t-il, en disant cette prière, en louant Adonaï*, l'Eternel, le Saint, le Très-Haut, le Tout-Puissant, le Seigneur, Celui que Jésus appelait « abba », mon papa bien-aimé. Osait appeler « abba ». Lui seul.

Simon-Pierre hésitait. Jésus aurait-il attendu que le jour soit tout à fait levé ? Il ne se privait pas, lui, de bousculer les règles quand il le jugeait nécessaire pour venir en aide à ceux qui souffraient. Et justement, Simon-Pierre souffrait, le cœur tordu. Alors, les règles...

Il se redressa, fit trois pas, comme Moïse au Sinaï traversant les ténèbres, les nuages et la brume pour s'approcher de Dieu. Et il commença à dire le Chema : « Ecoute Israël, l'Eternel est notre Dieu, l'Eternel est un. »

A l'autre bout de la longue pièce, une ombre se leva, s'avança. Puis une autre, près de lui, une autre et encore une autre.

Simon-Pierre pleura.

« Ecoute Israël, l'Eternel est notre Dieu, l'Eternel est un.
Béni soit à jamais le nom de son règne glorieux. »

Ils répétaient ensemble le Chema, jusqu'à la dernière phrase qui prescrit d'écrire les commandements du Seigneur sur les poteaux de la maison et sur la porte. Ce qu'aucun d'entre eux n'aurait osé faire ici tant ils se sentaient épiés, proscrits, exposés aux pires dangers. Mais quand ils avaient dit cette dernière phrase, ils reprenaient la première, et recommençaient, cœurs apaisés.

Et la lumière grandissait, inonda bientôt la salle.

Simon-Pierre baissa la main qu'il avait levée devant les yeux afin de mieux se recueillir, et peut-être de cacher ses pleurs. Il s'interrompit, dévisagea ses compagnons, en reconnut deux : Lévi, le collecteur d'impôts, et Jacques, le fils de Zébédée. Jacques qui semblait avoir perdu son frère Jean, tout comme lui, Simon-Pierre, s'inquiétait de ne pas revoir son frère André.

Deux colosses se tenaient un peu en arrière, accompagnés d'un garçon à l'œil vif dont la barbe n'avait pas encore poussé. Il ne les connaissait pas, avait seulement gardé un vague souvenir de leurs visages, celui du plus jeune surtout, qui s'époumonait à hurler « Hosannah au fils de David » quand Jésus était entré* dans Jérusalem pour prêcher au Temple* et célébrer la Pâque*, entouré d'une petite foule de pèlerins qui agitaient des branches[1]. Ce garçon gambadait à la tête du cortège et Jésus l'avait remarqué, fait même quelques pas à ses côtés quand il avait quitté l'âne.

Simon-Pierre lui demanda son nom. Bartimée. L'un des colosses était son père, l'autre son oncle. Des Galiléens* comme lui, Simon-Pierre, comme Lévi et Jacques. Ils expliquèrent qu'ils avaient plusieurs fois entendu Jésus, à Capharnaüm bien sûr et aussi dans leur village, un trou perdu proche des sources du Jourdain, et qu'ils avaient été tellement heureux d'apprendre, en arrivant à Jérusalem pour la Pâque, que Jésus y était attendu lui aussi avec ses compagnons, qu'il s'était arrêté pas très loin, du côté de Béthanie, et que sa venue était imminente, tellement heureux que... Ils ne trouvaient pas les mots. Ils pensaient alors, reprirent-ils enfin, assister à son triomphe. Et maintenant...

Mais Jérusalem le paiera, maugréa l'oncle de Bartimée. Le Seigneur, dit-il, l'avait déjà annoncé par la voix du prophète Jérémie*, aux temps anciens, ceux de Nabuchodonosor*, le roi de Babylone.

Simon-Pierre l'interrompit. L'urgence, pour lui, était autre. Il fallait savoir qui était l'inconnu, celui qui s'était enfui après lui avoir hurlé aux oreilles (il préféra ne pas évoquer le chant du coq). Ils l'avaient entendu, non ? Ils avaient même bougé, et l'homme avait peut-être bousculé l'un ou l'autre en sortant.

Aucun ne l'avait reconnu ? Pas possible répétait Simon-Pierre, pas possible. Et personne n'avait une idée, un soupçon ? Personne n'avait cru trouver une ressemblance ? Ils haussaient les épaules, se regardaient les uns les autres, hésitants et curieux. Non.

Simon-Pierre hésitait. Lancer le nom de Judas ? Il préféra évoquer d'abord un policier du Temple, un sournois à longue barbe qui ne l'avait pas lâché depuis leur entrée dans la ville, qui semblait avoir pour mission de ne jamais le

---

1. Mt 21, 1-9 ; Mc 11, 1-10 ; Lc 19, 28-40 ; Jn 12, 12-19.

perdre de vue, lui et lui seul, mais qu'il avait réussi à distancer en galopant dans les ruelles, le jour d'avant, quand Jésus était emmené chez Pilate*, le préfet romain.

Les autres haussaient toujours les épaules, expliquaient que la nuit était encore noire, ce matin, quand l'homme avait fui, qu'ils n'auraient même pas reconnu leur propre père, ou leur fils, ou leur frère. La preuve, c'est qu'ils ne l'avaient pas reconnu lui-même, Simon-Pierre, sauf à la voix tout à l'heure quand il avait commencé à réciter le Chema. Alors, ils avaient osé s'avancer. Soulagés. Rassurés. Si l'on pouvait dire. Car le danger rôdait. Partout. Les gens de Jérusalem ne les aimaient pas, eux, les Galiléens, tous les Galiléens qu'ils considéraient comme des imbéciles et des ploucs, presque comme des païens* en plus. Et ils détestaient encore davantage les amis de Jésus, Judéens compris, puisqu'il était l'adversaire du Temple et que les habitants de la ville vivaient tous du Temple, même les potiers, les tisserands et les tanneurs. Sans parler des prêtres, bien sûr.

Simon-Pierre devait bien le savoir, non ?

Le deuxième colosse, l'oncle de Bartimée, évoqua à nouveau le prophète Jérémie. Pour répéter qu'il fallait garder confiance. Car ce qu'ils avaient fait à Jésus, ces maudits, ils en souffriraient bientôt. Quand leurs ancêtres, aux temps anciens, s'étaient détournés de l'Eternel, avaient cessé de célébrer son culte, Celui-ci – béni soit Son Nom – les avait menacés par la voix de ce prophète : « Je vais briser ce peuple et cette ville comme on brise le vase du potier, qui ne peut plus être réparé[2]. » Le colosse insistait sur les derniers mots, « qui ne peut plus être réparé ». Et répétait que la menace avait été bien vite suivie d'effet.

De fait, le roi de Babylone, Nabuchodonosor, ayant assiégé la ville avec son armée, finit par l'envahir après des saisons de batailles et la détruisit. Entièrement. A commencer par le Temple, le splendide temple de pierre, de cèdres et d'or bâti par Salomon, chacun savait cela, le Temple où

---

2. Jr 19, 11 a.

le Seigneur était mystérieusement absent – car on ne pouvait l'enfermer, le contenir dans une construction de pierre – et présent à la fois, royalement présent. Israël sans le Temple, c'était comme un corps sans tête.

Simon-Pierre l'interrompit. Il se demandait si cet homme n'était pas un rabbi, un de ces Docteurs de la Loi* discoureurs et prêcheurs comme il en rôdait tant par les chemins, les routes et les rues – surtout à Jérusalem –, qui prenaient plaisir à étaler leur science des Ecritures* et à en déduire des règles et encore des règles qu'ils imposaient aux pauvres gens.

Ce qu'il adviendrait de Jérusalem, on aurait le loisir d'en discuter plus tard, si l'on survivait. Et pour clouer le bec à cet infatigable parleur, lui montrer qu'il connaissait aussi les Ecritures, il lui cita un autre passage de Jérémie, que son père aimait à répéter, un passage selon lequel les volontés de Dieu étaient « de paix, non de malheur[3] ».

Là-dessus, il osa enfin prononcer le nom de Judas. Parce que le danger pouvait venir de celui-là, qui connaissait bien cette pièce puisqu'il y avait pris le dernier repas avec eux, avant que Jésus soit emmené par les policiers du Temple et tout un tas de maudits et de vociférants qui les accompagnaient. L'inconnu qui avait crié à ses oreilles tout à l'heure (Pierre n'osait toujours pas évoquer le chant du coq), n'était-ce pas Judas ? S'il avait trahi le Maître, il voulait peut-être continuer son sale travail, son œuvre de mort, les livrer tous, les uns après les autres.

Non, coupa Lévi : Judas, il le connaissait bien puisque celui-ci tenait la caisse de leur petit groupe et que, lui, Lévi, ancien collecteur d'impôts, s'y entendait en matière de comptes. Si bien qu'ils les avaient souvent réglés ensemble. Simon-Pierre devait s'en souvenir. Donc, si l'inconnu avait été Judas, lui, Lévi, l'aurait reconnu, d'autant plus qu'il était réveillé depuis longtemps quand l'homme avait fui, bien éveillé même, et que l'inconnu l'avait bousculé. Ils

3. Jr 29, 11.

s'étaient trouvés nez à nez, juste le temps de sentir l'odeur de l'autre. Et il aurait reconnu, facile, l'odeur de Judas qui n'était pas, Simon-Pierre le savait bien, celle des jolies fleurs de Galilée. Plutôt celle que laissait sur une colline un troupeau de moutons quand il en avait rasé l'herbe entière. D'ailleurs, Judas n'avait pas la voix assez forte pour hurler des cris de coq comme l'inconnu.

Simon-Pierre sursauta. Voilà que surgissait ce coq dans leurs paroles. Il s'entendait encore, il s'était entendu tout le jour d'avant, répéter « femme, je ne connais ni ne comprends ce que tu dis[4] » lorsqu'une servante du Grand Prêtre, une grosse jouflue, l'avait reconnu comme un disciple de Jésus. Sa propre voix redisant ces mots résonnait toujours dans son crâne. Mais que d'autres en parlent le blessait au cœur. La honte. Le désespoir de la honte. Il l'avait tant aimé, Jésus. Aimé et renié. Comment cette phrase lui avait-elle échappé ? Echappé ? Pas le hasard, pas l'accident, puisqu'il l'avait encore deux fois répétée, avant de fuir. Trois hasards à la suite, ça n'existe pas.

Il ne supporterait pas une allusion à cette trahison, surtout devant ces deux hommes et ce presque gamin, Bartimée, dont on ne savait presque rien. Parler d'autre chose, s'il fallait parler. Relancer l'autre, celui qui citait Jérémie et Nabuchodonosor, un nom que Simon-Pierre connaissait à peine.

D'abord, ce qu'oubliait de dire ce prêcheur, c'est que l'Eternel n'avait pas abandonné son peuple. Le temple détruit par le roi de Babylone avait été rebâti, comme ils le savaient tous. Il avait fallu s'en passer pendant bien des vies d'homme, son père le racontait à ses enfants et on le disait aussi à la synagogue. Mais en fin de compte, le roi Hérode* l'avait fait rebâtir. Qui l'aurait cru ? Qui l'aurait attendu de ce fils d'une princesse arabe, un mauvais roi qui faisait massacrer ses ennemis, qui s'était même arrangé pour que le grand prêtre Aristobule soit victime d'un accident dans une

---

4. Mc 14, 88 ; Mt 26, 70 ; Lc 22, 57.

piscine pour la seule raison que ce Sadducéen* – tous les Grands Prêtres venaient de cette caste – avait été acclamé par le peuple un jour de fête et qu'il en était jaloux ! Et puis il avait fait pire encore, si l'on peut dire : ce maudit s'était même rendu coupable du meurtre de trois de ses fils !

Simon-Pierre prit par la manche le colosse et l'attira à l'écart. Il souhaitait lui parler du Temple, façon de lui montrer qu'il ne fallait pas désespérer et que lui, Simon-Pierre, gardait malgré tout confiance, lui que Jésus avait surnommé Céphas, rocher, pierre si l'on veut, parce qu'il le savait solide. A moins qu'il se soit trompé en le croyant solide. Comme il s'était trompé en choisissant Judas, en le faisant entrer dans son petit groupe d'amis les plus proches, en lui confiant même le soin de s'occuper de leur argent.

A moins que...

Si Jésus, au contraire, ne pouvait pas se tromper, parce qu'un prophète ne se trompe pas, et encore moins le Messie, alors Judas n'était pas un traître. Mais comment expliquer ? Que faisait-il avec les policiers du Temple ?

Simon-Pierre se taisait, perdu dans ses questions.

Le colosse, las d'attendre, finit par dégager son bras, lui tourna le dos et rejoignit les autres, maintenant assis sur les coussins où Simon-Pierre et les autres compagnons étaient allongés avec Jésus autour de la table pour le dernier repas. Ce soir-là, l'autre Simon, qu'on appelait le Cananéen ou le Zélote parce qu'il était rigide et voulait appliquer strictement la Loi, avait marmonné que cette façon de se tenir pour manger était anormale, une imitation des Grecs et des Romains, ces païens. Mais puisque le Maître l'avait voulu ainsi...

Simon-Pierre, resté seul au centre de la salle, s'interrogeait maintenant. Que faire ? S'asseoir comme ceux qui l'entouraient, s'enfermer dans ses souvenirs et ses chagrins, attendre ? Attendre quoi ? Que l'on vienne les chercher pour les enfermer, les torturer ? Puisque Judas connaissait cette Chambre Haute. A moins qu'il ne veuille pas de mal à ses anciens compagnons, qu'il n'ait rien dit aux hommes du

Temple. Ou qu'il soit pris de remords. Ce serait bien le moins. Une telle traîtrise... Si seulement l'on savait où il était passé, ce qu'il était devenu ?

Simon-Pierre interrogea les autres. Mais Lévi, le collecteur d'impôts, et Jacques, le fils de Zébédée, ne savaient rien, secouaient la tête en bougonnant comme s'il les avait sortis d'un rêve, comme s'ils refusaient de réfléchir à quoi que ce soit, trop assommés de malheur. Et les autres, les deux colosses, assuraient, lâches peut-être, qu'ils ne connaissaient pas Judas. D'ailleurs, ils n'étaient pas à Gethsémani, un petit domaine planté d'oliviers tordus à ce qu'on disait, le soir où Jésus avait été saisi. Ils n'avaient appris l'affaire, le drame, que le lendemain, quand on l'amenait chez Hérode Antipas, le petit roi de Galilée, le fils de l'autre, du grand Hérode.

Celui qui a reconstruit le Temple, précisa Simon-Pierre pour Bartimée. Et l'idée de parler du Temple comme du signe que rien n'était perdu le reprit, parce qu'il voulait donner confiance, espoir au garçon. Qui l'écouterait, lui.

Bartimée l'écouta en effet raconter que les architectes d'Hérode – un méchant, il ne fallait jamais l'oublier, mais l'Eternel soufflait parfois de bonnes idées aux méchants – avaient établi un immense terre-plein à l'endroit même où David, un grand roi, lui, avait dressé le plan du premier Temple. Que des milliers d'hommes l'avaient entouré, ce terrain, de hauts murs de pierres blanches. Et que des centaines de prêtres pauvres avaient appris le travail de maçon pour bâtir, au cœur du Temple, le saint des saints où seul le Grand Prêtre avait le droit d'entrer une fois l'an pour louer l'Eternel, un lieu tellement sacré que seuls des prêtres pouvaient le construire.

Bien sûr, Hérode avait voulu ce temple avec des colonnes à la grecque parce qu'il suivait les modes des Athéniens, comme presque tous les riches de Judée qui s'habillaient de belles tuniques de soie et s'attifaient de bijoux. Mais c'était quand même le Temple, et cela seul comptait.

Bien sûr aussi, Hérode ne l'avait fait bâtir que pour tenter de plaire à ses sujets qui le détestaient et parfois grondaient beaucoup parce qu'ils le considéraient comme un collaborateur des Romains, ces païens qui occupaient la Terre promise à Moïse et son peuple par l'Eternel. Hérode n'agissait que par intérêt, et non parce qu'il craignait le Seigneur. Mais c'était quand même le Temple, et cela seul comptait.

Le garçon l'approuva, dit qu'il avait été ébloui en découvrant, au terme d'une longue marche depuis son village, cette immense masse blanche barrée de lames d'or – c'était son premier pèlerinage à Jérusalem –, que son cœur avait bondi de joie, et qu'il avait alors chanté, enthousiaste, avec les autres : « Oh ma joie, quand on m'a dit allons à la maison de Yahvé ! Nous y sommes, nos pas ont fait halte dans tes portes, Jérusalem⁵. » Mais il avait pleuré la veille et une bonne partie de la nuit puisque Jérusalem avait tué Jésus. Il voudrait bien savoir pourquoi. Son père et son oncle lui avaient dit que rien n'arrivait qui n'ait été voulu par l'Eternel. Mais il ne pouvait le croire. L'Eternel voulant la mort de ce Maître, ce n'était pas possible. Ou alors l'Eternel était...

Il s'interrompit, comme effrayé, se couvrit le visage. De crainte de blasphémer, jugea Simon-Pierre. A qui revint en mémoire une phrase du prophète Ezechiel, souvent rappelée par son père : « Je ne prends pas plaisir à la mort de qui que ce soit, Oracle du Seigneur. Convertissez-vous et vivez⁶. »

Il la répéta à Bartimée deux fois, trois fois, pour qu'elle lui rentre bien dans la tête, s'y enfonce à jamais, et pour que les autres, les silencieux, ces poltrons maintenant à demi cachés par les coussins, l'entendent aussi. Mais il s'interrogeait : si l'Eternel n'avait pas voulu la mort de Jésus dans de telles conditions, pourquoi l'avait-Il permise ?

Il pensa le demander à Lévi, qui connaissait bien les Ecritures, tout percepteur donc collaborateur des Romains qu'il était, parce qu'il savait bien lire. Mais il crut entendre

---

5. Ps 122, 1-2.
6. Ez 18, 32.

un bruit, du côté de l'escalier. Quelqu'un venait, gravissait lentement les marches qui menaient à la Chambre Haute. Un pas léger, bientôt suivi d'un autre, plus assuré.

Bartimée déjà l'abandonnait, pour se jeter dans les bras de son père. Les autres, transis de peur, reculaient vers les murs, comme dans l'espoir de les traverser pour fuir.

Simon-Pierre avança vers le haut des marches.

Ce fut comme une bouffée de bonheur.

La femme* qui entrait et entrouvrait son voile pour montrer son visage était Jeanne, l'épouse de Chusa, l'intendant d'Hérode Antipas, le petit roi de Galilée. Une intrépide, appartenant à la classe supérieure, qui n'avait pas hésité à quitter parfois sa maison moderne, de style gréco-romain avec vue sur le lac, pour écouter Jésus. Et qui donnait aussi de l'argent à leur groupe.

Celui qui l'accompagnait, un personnage imposant, Simon-Pierre le connaissait aussi. Nicodème* était l'un de ces quelques Pharisiens*, des hommes très respectueux de la Loi pourtant, que la personne et l'action de Jésus avaient intéressés et parfois attirés. Alors que les autres notables doutaient de la sagesse de son enseignement – « Comment est-il si savant, demandaient-ils, lui qui n'a pas étudié[1] ? » –, Nicodème croyait que Jésus était un maître envoyé par le Très-Haut, car nul ne pouvait accomplir les œuvres qu'il accomplissait, les surprenants miracles*, si l'Eternel n'était pas avec lui.

Que Nicodème ait accompagné Jeanne jusqu'à la Chambre Haute les stupéfiait tous. La plupart des Pharisiens se considéraient en effet comme des exemples de pureté totale. Ils marchaient dans les rues les yeux baissés afin de

---

1. Jn 7, 15.

ne pas rencontrer le visage d'une femme qui aurait pu faire naître en eux un désir coupable. Et celui-ci avait cheminé aux côtés d'une femme qui n'était pas la sienne !

Il est vrai que Nicodème les avait déjà surpris.

Cet homme important, membre du Sanhédrin*, le Conseil suprême du judaïsme présidé par le Grand Prêtre, était même venu parler à Jésus, une nuit, comme en se cachant. Simon-Pierre n'avait pas assisté à leur dialogue, qui ne s'était pas tout à fait bien passé : parce que, aux yeux de Jésus justement, les miracles qui semblaient passionner ce Pharisien n'étaient pas l'essentiel.

Simon-Pierre s'en était étonné les premiers temps : le Maître se faisait parfois tirer l'oreille pour guérir un malade ou un infirme, et s'il finissait par céder, c'était plutôt par pitié, par compassion. La belle-mère de Simon-Pierre, atteinte d'une forte fièvre qui la clouait sur sa natte, en avait bénéficié. Cette fois-là même, il n'avait rien fallu demander. Une exception parmi d'autres.

Ce qui comptait pour Jésus, avait fini par comprendre Simon-Pierre, ce n'était pas surtout les signes de sa puissance, c'était ce qu'il avait à dire de l'Eternel et de ce que Celui-ci attendait des hommes. Nicodème, tout grand qu'il fût à Jérusalem et tout intelligent qu'il paraisse, ne l'avait pas tout à fait admis. C'est peut-être en pensant à lui que le Maître avait dit une autre fois être venu dans le monde « pour que ceux qui ne voient pas voient », ce qui avait provoqué cette question d'autres Pharisiens : « Est-ce que nous aussi, nous sommes aveugles[2] ? » Une bonne question. Jean et Thomas – où étaient-ils passés ces deux-là ? – en avaient ri sans se cacher.

Il n'empêche : Nicodème était resté en bons termes avec Jésus. Certains de ses amis aussi, qui avaient fait dire au Maître de ne pas venir à Jérusalem s'il tenait à la vie. Mais comment aurait-il pu l'éviter ? C'était là, au cœur d'Israël, qu'il fallait dire la vérité sur l'Eternel. La vérité entière. A tout risque.

---

2. Jn 9, 39-40.

Simon-Pierre, voyant Nicodème en compagnie de Jeanne, se convainquit bientôt que c'était lui, le grand notable respecté, qui avait fourni à Jésus la Chambre Haute pour le dernier repas, la vaste pièce où ils étaient maintenant réfugiés, Lévi, Jacques, les deux colosses et le garçon nommé Bartimée, et qu'ils n'avaient donc rien à craindre, qu'ils se trouvaient là en toute sécurité.

Jeanne avait amené des provisions. Des pains sans levain : en manger d'autres était interdit pendant les fêtes de la Pâque, entre le 15 et le 21 du mois de Nisan*. Mais elle avait aussi composé un mélange de pommes, de fruits secs pilés, de cannelle et de vin, sur lequel, affamés, ils se précipitèrent. Le jeune Bartimée prenant quand même le temps, histoire de faire étalage de ses quelques connaissances, de dire que cette nourriture rappelait le mortier utilisé par les Hébreux, esclaves en Egypte, pour construire les grands bâtiments du Pharaon.

Simon-Pierre n'était pas surpris de trouver Jeanne à Jérusalem. Puisque Hérode Antipas, que Jésus appelait « le renard », était venu y célébrer la Pâque, Chusa avait dû l'accompagner. Un esprit ouvert, sans doute, cet homme : la règle en effet ne laissait pas de grandes libertés à la femme, voulait qu'elle soit entièrement au service de son mari, jusqu'à lui laver le visage, les mains et les pieds, même si elle disposait d'esclaves. Un père n'avait même pas le droit d'enseigner la Torah* à sa fille.

Les Ecritures, c'est vrai, racontaient pourtant de nombreuses histoires de femmes qui ne s'en laissaient pas conter. L'Eternel n'avait-il pas conseillé au grand Abraham lui-même d'écouter son épouse, alors qu'il hésitait entre ses fils Isaac et Ismaël[3] ? Rebecca*, la femme d'Isaac, n'avait-elle pas rusé afin de faire bénir Jacob à la place d'Esaü[4], ce qu'Israël n'avait pas eu à regretter ?

Quand même, les rouleaux qu'on lisait à la synagogue ne s'intéressaient le plus souvent qu'aux hommes, les pro-

---

3. Gn 21, 8-13.
4. Gn 27, 1-37.

phètes n'étaient que des hommes, et il avait fallu que certaines femmes soient bien sages et avisées, audacieuses aussi, pour être signalées dans ces textes saints. Sages et audacieuses comme cette Jeanne au doux visage dont Chusa devait bien se demander où elle était passée en ce matin de la Pâque. Elle n'avait donc pas désespéré, elle ? Elle attendait encore ? Quoi ?

Simon-Pierre, qui dévorait un pain sans levain, avide comme un chien affamé, gardait en mémoire le grand soleil – un soleil doré chargé de promesses comme celui de l'aube – qui lui avait envahi le cœur quand Jésus l'avait appelé à le suivre, avec André, alors qu'ils réparaient leurs filets de pêche sur les bords du lac. Comme une annonce retentissante, soudaine, une tornade qui les emportait, si forte, puissante, qu'ils n'avaient pas longtemps pesé le pour et le contre. Mais tout laissé aussitôt pour partir avec lui. Pourtant, le Nazaréen n'avait rien promis. Ni argent, ni travail, ni honneurs. Bien sûr, ils avaient d'autres frères, André et lui, la famille était étendue, et ces frères ne laisseraient pas leurs femmes et les enfants dans la misère aussi longtemps que les poissons se multiplieraient dans la mer de Galilée. Quand même, partir ainsi sur les routes, c'était un peu fou.

Jésus, bien sûr, leur disait de ne s'inquiéter ni de ce qu'ils mangeraient ni des vêtements qu'ils porteraient. Il leur avait même tenu un jour un long discours pour expliquer que les oiseaux du ciel, qui n'étaient ni semeurs ni moissonneurs – il avait des comparaisons amusantes parfois, qui le faisaient sourire lui-même –, ces oiseaux, donc, ne s'en tiraient pas trop mal. Tout comme les lis des champs, qui étalaient leurs blanches robes sans l'aide d'aucun tisserand[5].

Jésus n'était pas un rêveur pourtant, un de ces gratteurs de cordes qui chantaient des poésies enfantines et folichonnes quand ils passaient dans les villages. Non. Un

---

5. Mt 6, 25-34 ; Lc 12, 22-31.

solide plutôt, qui avait assez travaillé le bois, à Nazareth, pour savoir qu'un denier* était un denier, et qu'on ne le gagnait pas si facilement. Mais il comptait sur le Père du ciel, son papa chéri comme il s'était permis de dire, et Simon-Pierre n'en revenait toujours pas. Jésus croyait aussi en l'aide des autres. Et puis, il ne leur avait pas demandé, à Simon-Pierre, André, et leurs compagnons, d'abandonner tous leurs biens, leurs pauvres biens – sauf une fois, plus tard, à un inconnu, un jeune homme riche celui-là, qui avait aussitôt renoncé et s'était enfui, sans doute effrayé par cette exigence que Simon-Pierre lui-même n'avait pas bien comprise.

En revanche, lorsqu'il avait décidé de suivre Jésus, il avait soupçonné sa belle-mère. Cette fièvre qui l'avait saisie, disait-elle, avant la venue du Nazaréen chez eux, c'était peut-être une comédie, une tromperie. Elle avait dû se demander ce qui passait par la tête de Simon-Pierre pour laisser tomber tout à coup femme et enfants. Et être saisie de colère en apprenant qu'en outre il allait ramener à la maison Jésus et ses compagnons pour le repas. Eh bien, qu'ils se débrouillent, que sa fille se débrouille puisqu'elle acceptait – trop bonne ou trop faible – que Simon-Pierre suive ce charpentier sorti de ce trou de Nazareth*. Elle, elle se coucherait, prétexterait une forte fièvre. Mais celle-ci avait disparu comme par miracle, c'était bien le mot, dès l'entrée de Jésus. Comme s'il rayonnait. Alors, hop ! Debout ! Guérie. Séduite, elle aussi. Elle avait même houspillé sa fille et ses brus. Il fallait se hâter tout à coup, faire vite et bien, montrer que dans la famille on savait recevoir. D'ailleurs, le service, elle le ferait elle-même. Et elle l'avait fait, comme pour un seigneur, un roi.

Mais il était mort, hier, sur une croix. Comme un larron. Après avoir été torturé. Comme un esclave, un de ces bandits de grand chemin, si nombreux en Judée, qui détroussaient les pèlerins, les Galiléens de préférence, sur le chemin de Jérusalem.

Un brouhaha arracha Simon-Pierre à ces sombres pensées. Jeanne était aux prises avec Jacques, qui l'avait vite interpellée, sans prendre même le temps de manger, qui criait beaucoup, levait les bras au ciel, hurlait ses larmes. Car s'il en était un qui avait imaginé Jésus devenant roi d'Israël, mettant au pas les hommes du Temple et chassant les Romains, c'était bien lui. Son frère Jean aussi, l'autre fils de Zébédée. Ces deux-là, poussés par leur mère disait-on, ne s'étaient pas montrés bien malins, un jour où l'on pouvait pourtant deviner que les ennuis s'accumulaient pour Jésus. Ils lui avaient demandé des places d'honneur dans son royaume, l'un à sa droite, l'autre à sa gauche. Parce qu'ils étaient convaincus que le moment approchait où il balaierait tous les autres pour régner enfin et que c'était pourquoi l'on partait vers Jérusalem. Mais ils s'étaient fait renvoyer de la belle manière. Ce jour-là, le Maître avait dit que les premiers seraient les derniers, l'inverse aussi, et qu'il n'était pas venu, lui, pour être servi, mais pour servir. Une rude leçon[6].

Quand même... Ils avaient tous cru que, d'une manière ou d'une autre, Jésus allait finir par gagner. Là, ici, à Jérusalem. Ne disait-il pas que le Royaume était en lui, était lui ? Et l'autre, Jean, le baptiseur* en guenilles qui prêchait au bord du Jourdain, n'avait-il pas crié en parlant de lui : « Celui qui vient derrière moi est plus fort que moi, dont je ne suis pas digne de délier la courroie des sandales[7] » ? Il est vrai que ce Jean avait ensuite éprouvé quelques doutes sur Jésus, mais pas très longtemps. Le baptiseur croyait donc lui aussi à la venue du Royaume. Comme tous ceux qui avaient suivi Jésus, et Jésus seul. D'habitude, les hommes qui entendaient l'enseignement d'un sage en Galilée ou en Judée passaient d'un maître à l'autre, et ceux-ci les poussaient souvent à le faire pour qu'ils entendent plusieurs voix, s'enrichissent de plusieurs paroles. Mais Jésus voulait qu'on reste avec lui. Un autre signe qu'il était différent, unique. Le Messie. Un Messie

---

6. Mt 20, 20-28 ; Mc 10, 35-43 ; Lc 22, 24-27.
7. Mt 3, 11 ; Mc 1, 7 ; Lc 3, 16 ; Jn 1, 27.

crucifié. L'impensable. De quoi se taper la tête sur les murs. Simon-Pierre comprenait la colère de Jacques, son cri de désespoir plutôt, sa rage. Mais pourquoi s'en prendre à Jeanne ? Jacques lui reprochait même de trop fréquents séjours à Tibériade, sous prétexte que cette ville était maudite puisque fondée par Hérode Antipas en l'honneur de l'empereur romain Tibère*, et surtout érigée sur un cimetière, en contradiction totale avec la loi juive. L'injustice de Jacques, aujourd'hui, était d'autant plus criante que Jeanne aurait pu les abandonner mais avait préféré leur venir en aide, en courant tous les risques.

Simon-Pierre se précipita vers elle, la prit par les épaules, l'arracha presque à cette discussion qui tournait si mal. Il avait trouvé un prétexte, facile. Judas. Que savait-elle de Judas ? Car il ne pouvait encore le croire vraiment coupable. C'était un bon compagnon, qui avait souffert sur les chemins, comme eux, partagé avec eux les mêmes joies et les mêmes rêves, écouté le Maître avec le même bonheur. Et il aurait trahi ? Chusa, l'époux de Jeanne, devait savoir le fin mot de cette affaire, placé comme il l'était. Elle était assez fine pour lui avoir tiré les vers du nez. Les femmes...

Non, pourtant. Elle eut un sourire pour le remercier de l'avoir sortie de cet affrontement. Ajouta aussitôt qu'elle n'en savait pas plus. Oui, c'est vrai, on disait chez Antipas que Judas avait livré Jésus. Mais il fallait comprendre. Il existait toute une cour qui s'agitait autour du roi, un petit monde où l'on bavardait beaucoup, où l'on se plaisait à faire courir des bruits, vérités et mensonges mêlés, où l'on adorait jouer les informés. Surtout ces derniers jours avec les Grands Prêtres qui menaient le jeu, les Pharisiens qui en jouaient un autre – disons plutôt : quelques-uns, parce qu'ils semblaient divisés –, et la menace des Romains par là-dessus, les Romains, toujours énervés à l'époque de la Pâque, toujours craignant que la foule de pèlerins accourus à Jérusalem ne crée du désordre. Bref, ça grouillait. Elle eut ce mot qui surprit Simon-Pierre, venant d'une grande dame. Elle le répéta, comme s'il était incapable d'en comprendre un autre. Mais toujours avec ce doux sourire. Celui d'une sœur, pensa-t-il. Donc, conclut-elle, le rôle exact de Judas, on n'en parlait guère chez Antipas. Et de ce qu'il était devenu encore moins. Les gens qui entouraient le petit roi se croyaient trop importants pour se soucier d'un homme comme lui. Nicodème, peut-être, en savait davantage puisqu'il appartenait au Sanhédrin.

Simon-Pierre s'approcha du notable pharisien qui donnait des conseils au père et à l'oncle de Bartimée, leur rappelait qu'ils ne devaient pas songer à partir : en ce 15 du mois de Nisan il était interdit de sortir de la ville. Nicodème connaissait bien les deux hommes, à ce qu'il semblait, ce qui rassura Simon-Pierre : voilà pourquoi les colosses s'étaient réfugiés là ; c'était le Pharisien, à coup sûr, qui leur avait indiqué cette cache.

Mais interrogé sur Judas, Nicodème ne sut que répondre. Bien sûr, il avait entendu parler, comme beaucoup, de sa présence parmi ceux qui avaient pris Jésus. Ce que Simon-Pierre savait bien. Mais ce qu'il n'osa pas souligner, tant il se reprochait encore l'éclatement de leur groupe de disciples, ce soir funeste.

Quant à la réunion de la nuit qui avait condamné Jésus, Nicodème n'y avait pas participé. Le Grand Prêtre Caïphe et son beau-père Anne, ayant déjà décidé la mort du Nazaréen, avaient joué un drôle de jeu, très trouble. A sa connaissance, ils n'avaient convoqué que ceux dont ils étaient sûrs, les hommes de leur clan, les Sadducéens. Un curieux procès.

D'ailleurs, avant cette nuit-là, il les avait une première fois, lui, Nicodème, mis en garde alors qu'ils avaient envoyé, sans succès, des policiers se saisir du Nazaréen. « Notre Loi, avait-il demandé, juge-t-elle un homme sans d'abord l'entendre et savoir ce qu'il fait[8] ? » Evidemment non. Mais pour toute réponse, Caïphe et Anne l'avaient

---

8. Jn 7, 51.

questionné, ironiques : était-il galiléen ? Puis ils lui avaient conseillé d'étudier les Ecritures. Il comprendrait alors une vérité évidente à leurs yeux : le prophète attendu par les Juifs ne devait pas, ne pouvait pas, venir de Galilée, ce pays à la population mêlée de païens et pas très respectueuse de la religion. La lumière ne pouvait venir que de Judée, l'ancien royaume de Juda, fils de Jacob, l'ancêtre de la principale tribu d'Israël. Leur Judée.

Ils avaient donc mené l'affaire en dehors de toutes les règles. Interrogé le captif chez eux alors que le Sanhédrin se réunissait toujours dans la chambre de la Pierre taillée, à l'intérieur du Temple. Ils l'avaient jugé la nuit, alors que la Mishna, le texte qui rassemblait toutes les règles rabbiniques d'application de la Loi, soulignait bien que les affaires capitales devaient être examinées de jour, pas la nuit. Et ainsi de suite.

Bref, ils n'en avaient fait qu'à leur tête, tellement pressés d'en finir avec Jésus, que lui, Nicodème, en était scandalisé. Au plus profond. Après la crucifixion et la mort, il s'était d'abord rapproché d'un certain Joseph* qui était préoccupé d'ensevelir correctement le corps. Vite, car la nuit approchait. Si bien qu'il ignorait tout de ce qui avait pu se tramer entre Judas et les Grands Prêtres, avant et après qu'ils se furent emparés du prophète nazaréen. Et comme ces Sadducéens se méfiaient de lui, le tenaient autant qu'ils le pouvaient à l'écart, ils ne lui en feraient certainement pas confidence.

Il parlait par à-coups, se griffant l'extrémité des doigts, comme s'il était à bout de nerfs ou embarrassé, se reprochant de n'avoir pas été à la hauteur, ni fait ce qu'il fallait depuis qu'il connaissait les menaces planant sur Jésus. Simon-Pierre en souffrait avec lui, l'admirait aussi. Celui-là était un juste. Un vrai juste, enfin.

Il s'inclina, respectueux, le remercia.

Nicodème promit de revenir. Et de tenter d'en savoir plus.

Mais en cette fête de la Pâque, l'important, la priorité, était de se rendre à l'Office, de prier et louer l'Eternel.

Jeanne le suivit. Comme si elle souhaitait sa protection pour circuler dans les rues de la ville.

Avant de se voiler le visage, elle chuchota à Simon-Pierre qu'ils recevraient sans doute une autre visite. Myriam de Magdala*.

La soif brûlait la gorge de Bartimée. Autour de lui, les hommes somnolaient de nouveau, vautrés ou étendus sur les coussins. Comme s'ils n'en souffraient pas, eux. A moins qu'abrutis de fatigue et de peur ils aient ainsi trouvé l'occasion d'oublier leurs misères : Jeanne et Nicodème, lorsqu'ils étaient venus les réconforter de quelque nourriture, avaient oublié d'y joindre la moindre cruche d'eau.

C'était plus qu'un oubli en vérité, une faute grave puisque la Loi, toujours soucieuse de pureté, imposait de s'asperger les mains chaque matin dès le réveil, en commençant toujours par celle de droite, et de recommencer avant de consommer le pain. Fallait-il qu'ils soient bouleversés, les uns et les autres, que leurs esprits soient à ce point dérangés pour l'avoir oublié, rompu ainsi avec leurs habitudes les plus quotidiennes et les plus sacrées...

Que son père ne l'ait point souligné, ne s'en soit pas plaint, ne surprenait qu'à demi Bartimée. Il l'avait entendu répéter qu'aux yeux de Jésus toutes ces règles étaient respectables mais qu'il ne fallait pas se désoler d'y manquer quand on n'avait pas d'autre choix. A quoi son oncle, qui avait rêvé de devenir rabbi*, répondait que la Loi était la Loi, que l'on n'était pas excusable de s'y dérober, que Jésus lui-même, contrairement à ce que prétendaient ses ennemis, la suivait presque toujours, que personne – pour ne prendre que ce seul exemple – ne l'avait vu manger des viandes impures*. Et les docteurs de la Loi, dans toutes leurs discussions – pourtant ces gens-là aimaient couper les cheveux en quatre –, étaient au moins d'accord sur ce point : il fallait savoir se priver plutôt que de déroger aux règles, afin de plaire à l'Eternel, qui sait seul ce qui est bon pour l'homme.

Bartimée n'avait pas remarqué si son oncle avait touché à la nourriture apportée par Jeanne et Nicodème : trop affamé lui-même pour perdre un instant à observer les autres, il s'était précipité sur le pain, oubliant toute règle. Sa mère pourtant y avait veillé depuis ses premières années, l'avait toujours puni au premier oubli, à la moindre faute d'attention. Mais ce matin, quand la belle femme et l'homme imposant étaient apparus avec leurs paniers, il n'avait même pas remarqué qu'ils ne portaient ni vase ni outre. Il avait une faim égale, alors, à celle d'un jeune agneau depuis longtemps écarté du pis de la brebis. Faim au point d'oublier la soif. Et maintenant elle lui incendiait la gorge, le corps tout entier.

Tant pis. Il existait à coup sûr une citerne au bas de cette maison. Il se leva, silencieux, aux aguets, surveillant les hommes assoupis. Avança jusqu'à la porte, au haut de l'escalier. Simon-Pierre, qui avait dressé la tête, ouvert à demi les paupières, bascula presque aussitôt, ne bougea plus. Un autre, celui qui s'appelait Lévi croyait savoir Bartimée, grommela, se retourna comme une masse, vite repris par le sommeil. Alors le garçon dévala les marches.

Il trouva une petite cour. Et, joie, au centre de celle-ci, une vasque de pierre où dormait l'eau. Il courut, plongea la tête entière, se laissant inonder et flatter par tant de fraîcheur et de douceur. Il ne songeait même plus à l'aspersion des mains. Boire d'abord. Goûter à la caresse de l'eau. Eteindre le feu. Oublier détresse et peur.

Il se sentit pris aux épaules. Se redressa. Fit face. Un homme était là, un rouquin au gros ventre, guère menaçant, presque souriant. Le premier sourire que Bartimée voyait, devinait plutôt, depuis que avec son père et son oncle, ils avaient croisé les policiers et les gardes qui traînaient Jésus, sanglant, pour le mener chez le petit roi Antipas à la demande de Pilate le Romain. Ce triste cortège passé, le garçon avait presque insulté son père, criant qu'il s'était trompé et l'avait trompé, lui, en promettant que ce charpentier de Nazareth deviendrait le maître de toutes les terres, depuis celles où apparaissait le soleil le matin jusqu'à l'autre bout du monde, où il s'enfonçait. Son père l'avait bâillonné de la main pour que les gens de Jérusalem – amis ? ennemis ? il faudrait plus que jamais se méfier –, ces gens qui venaient de regarder le prisonnier en silence, indifférents, curieux, hostiles, apitoyés peut-être, ne l'entendent pas hurler.

Le rouquin au ventre débordant qui l'avait sorti de l'eau était un ami, lui : Bartimée le crut aussitôt. Et l'homme lui dit qu'en effet il n'avait rien à craindre puisqu'on l'avait placé là pour veiller sur eux. Il leva la tête pour montrer l'étage, demanda pourquoi les autres l'avaient laissé sortir, lui, le plus jeune, sans prendre garde au danger. Dans la cour, à la rigueur, on pouvait montrer le nez. Mais s'il avait poussé plus loin, vers la ruelle ?

Bartimée lui expliqua qu'il avait soif à en mourir, plus soif qu'un chameau qui aurait traversé le désert pendant des jours et des jours, d'un sabbat au sabbat suivant et à un autre encore, sans rencontrer une seule oasis. L'homme sourit de nouveau, demanda d'où lui venait cette manière de parler en prenant des exemples chez les chameaux, d'autres animaux et les oiseaux du ciel peut-être. Qui la lui avait apprise ? Personne, répondit Bartimée, agacé qu'on ne le croie pas capable d'avoir une idée à lui. D'abord, il y avait plus urgent. Il fallait songer aux autres, là-haut, qui seraient sans nul doute bien heureux de boire, eux aussi, et de faire leurs ablutions.

L'homme leva les yeux vers l'étage, s'exclama qu'il était incroyable, impossible, que personne n'y ait songé – il est vrai qu'avec toute cette histoire on ne savait où donner de la tête –, courut vers une petite porte qui semblait ouvrir sur une sombre remise, revint, rapide, portant deux outres emplies d'eau qu'il confia à Bartimée. Lui n'avait pas le droit de monter. Ce serait trop risqué. Ses consignes étaient strictes : veiller à ne laisser entrer dans cette maison que des personnes connues. Sauf le dénommé Judas qu'il connaissait bien, justement, et depuis pas mal de temps : à celui-là, il faudrait barrer le chemin puisqu'on disait maintenant qu'il avait livré Jésus aux autres, les policiers du Temple et leurs complices.

Lui, il n'en croyait rien. S'il fallait avaler tout ce qui se racontait... D'ailleurs, il était déjà de garde l'autre soir quand ils étaient tous réunis – sans les femmes, bien sûr –, le Nazaréen et ses compagnons, pour le repas. Judas était sorti bien avant les autres et lui avait dit que c'était d'accord avec le Maître, que c'était même celui qui l'avait envoyé. Depuis, on lui avait raconté que l'Iscariote – on l'appelait l'Iscariote, allez savoir pourquoi – était avec les hommes du Temple quand ils avaient arrêté le Nazaréen dans ce coin perdu de Gethsémani. Mais qu'est-ce que cela prouvait ? Qu'il les conduisait ? Il les accompagnait peut-être pour voir, ou les empêcher d'agir. Il avait peut-être eu vent du mauvais coup qu'ils préparaient. Il souhaitait peut-être se joindre aux autres compagnons de Jésus pour prendre sa défense. Mais comme ils n'avaient presque pas bougé, seulement pour s'enfuir comme des lâches, il n'avait pu que donner à son maître un baiser d'adieu. Trop seul pour tenter quoi que ce soit. Seul à pleurer. Un bien triste baiser, donc. Ensuite, les autres, ces lâches, lui avaient tout mis sur le dos, avaient inventé cette histoire de dénonciation.

Voilà ce qu'il croyait, lui, le gros ventru, à qui il ne fallait pas en raconter parce qu'il en avait vu tellement dans cette ville où tous les uns se méfiaient de tous les autres.

Mais puisqu'on lui avait dit de veiller surtout à éviter l'entrée de Judas – d'inconnus aussi, mais de Judas en premier –, il ne bougerait pas, il ne pourrait pas monter les outres, et Bartimée devait s'en charger, aussi lourdes soient-elles.

Bartimée ne savait plus que croire. Pensa soudain que Simon-Pierre, tout à l'heure, bientôt, quand il lui raconterait tout cela, poserait au moins une question, demanderait quel était l'homme qui l'avait réveillé de ses cris à la fin de la nuit, le troublant tellement qu'il en avait pleuré. Ce garde n'avait donc rien vu ? Ou bien il avait laissé passer l'inconnu ? Il le connaissait ?

Le garde sursauta. Quoi ? Comment ? Il ne savait rien de cette histoire. Parce qu'ils étaient deux à veiller, en se relayant. Lui, il avait pris son service au lever du jour. Un autre avait passé toute la nuit près de la porte et n'avait rien remarqué, semblait-il. Peut-être avait-il fini par s'endormir. Les nuits sont encore un peu longues en cette saison. Et les maîtres ne mesurent pas toujours combien sont rudes les fatigues qu'ils imposent à leurs serviteurs. Ils semblent même ignorer qu'ils ont femme et enfants.

Bartimée, déçu, se chargea des outres. Elles lui tiraient sur les épaules mais il ne s'en souciait guère, très fier qu'il était de pouvoir jouer l'important, là-haut, à l'étage supérieur, en contant aux hommes ce qu'il venait d'entendre.

Simon-Pierre ne décolérait pas.

Comment ce gardien inconnu posté à l'entrée, en bas, avait-il pu raconter de telles histoires, en profitant, bien sûr, de l'ignorance d'un gamin ?

Parce que, quand même, Jésus, ils avaient voulu le défendre, eux, ses compagnons. Mais c'est lui qui les en avait empêchés. Pour quelle raison, il voudrait bien le savoir. Cette question le torturait, depuis que l'on avait arrêté le Maître à Gethsémani. Jusque-là, Jésus avait échappé aux policiers du Temple. Depuis leur arrivée dans la Ville sainte, il se montrait pourtant tous les jours, pour prêcher, pour annoncer la Bonne Nouvelle. Ils auraient pu l'emmener sans peine. Et s'ils ne l'avaient pas fait, s'ils l'avaient attendu la nuit pour aller le chercher dans un coin perdu, c'est qu'ils craignaient qu'il résiste, que cela provoque un incident et que les Romains s'en mêlent.

Parce que tout le monde savait bien que, à l'époque de la Pâque, quand Jérusalem accueillait tant de pèlerins, les Romains renforçaient leur garnison. Ils n'avaient pas tort de se méfier, bien sûr : ce peuple ne les aimait pas. En outre, il arrivait parfois que les Juifs se battent entre eux, se disputent sur la façon d'interpréter les paroles des prophètes, et aussi peut-être pour des histoires de logement, de terrains, quand une famille prenait trop d'espace sur le mont des Oliviers où tous les pèlerins s'entassaient, faute de place dans la ville. Et tout pèlerins qu'ils étaient pourtant, venus là pour louer l'Eternel, ils se chamaillaient parfois. Quand ils ne faisaient pas pis. Des disputeurs. Comme leurs anciens. Son père lui avait raconté que le père de son père parlait d'un roi de Judée, un certain Alexandre* – il ne se souvenait pas de la suite du nom, mais cela commençait par Alexandre – avait fait crucifier, oui, crucifier comme Jésus, huit cents autres juifs, des Pharisiens à ce qu'il disait, mais Simon-Pierre n'en était pas certain – et cet Alexandre avait aussi fait massacrer leurs femmes et leurs enfants. Une histoire que son père, qui était un solide pourtant, répétait en pleurant à moitié. Et sans remonter aussi loin, tout le monde savait bien que des troubles éclataient souvent pendant les fêtes, que le préfet romain Pilate même avait déjà fait exécuter des Galiléens[1] et que, avant cette Pâque encore, le dénommé Barrabas* avait participé à une bagarre, ou une émeute, on ne savait pas trop, en compagnie de quelques prêts-à-tout.

Donc, que la bande des Grands Prêtres n'ait pas osé faire arrêter Jésus en plein jour, cela pouvait se comprendre. Quoique, à certains moments, ils auraient pu l'arrêter facilement, il n'y avait pas tellement de monde aux environs.

Mais ce qu'il n'admettait pas, lui, Simon-Pierre, c'est que le Maître se soit laissé emmener sans résister. Il souhaitait donc mourir ? Et pourquoi ?

Ce n'était pas possible, coupa l'oncle de Bartimée. Jésus ne pouvait pas l'avoir voulu. Parce qu'il était écrit dans les Psaumes que le futur roi d'Israël allait soumettre les peuples, que le Très-Haut – voilà un passage qu'il avait appris par cœur à la synagogue –, que le Très-Haut donc, « donne de grandes victoires à son roi, agit avec fidélité envers son Messie, envers David et sa dynastie, pour toujours[2] ». C'était clair, non ? Alors, de deux choses l'une : ou bien Jésus n'était pas le Messie, ou bien il avait préparé une surprise qui les éblouirait tous. Des surprises, des événements extraordinaires, il n'en manquait pas dans l'histoire

1. Lc 13, 1-3.
2. Ps 17, 48-51.

de leur peuple, le livre de l'Exode par exemple, à commencer par l'histoire de la mer coupée en deux pour laisser passer Moïse et les Hébreux. Et si cela devait arriver, les Grands Prêtres et les Romains seraient bien attrapés. Sans compter que le châtiment de l'Eternel s'abattrait sur eux. Dans ce psaume-là, il était aussi question de « revanche ». Une belle revanche !

Simon-Pierre n'était pas convaincu. Une revanche, ce n'était pas le genre de Jésus. Il parlait plutôt de pardon, lui. Ne pas se défendre, cela semblait une folie. Mais une folie qui était peut-être sagesse. Car la bataille ne servait à rien de bon. Les hommes finiraient peut-être par le comprendre un jour. Quand ?

Et puis, il y avait autre chose : Jésus n'aimait pas qu'on l'appelle le Messie. Une bonne femme, c'est vrai, une Samaritaine*, racontait qu'il lui avait dit « Je le suis », le Messie, un jour où ils s'étaient rencontrés près d'un puits où il était venu boire, après avoir beaucoup marché[3]. Mais s'il fallait croire tout ce que racontaient les Samaritains et les Samaritaines, on serait mal partis.

Une chose était certaine, pourtant : lui-même, Simon-Pierre, avait osé dire à Jésus : « Tu es le Messie. » Et le Maître lui avait répondu de n'en parler à personne[4]. Il n'avait pas très bien compris pourquoi. Peut-être était-il trop tôt à son avis. Allez savoir ! Il était comme cela parfois, Jésus : il disait des choses, ou il faisait des choses, qu'on ne comprenait pas du premier coup. Comme s'il était d'ailleurs, venu d'un autre monde, comme s'il vivait ailleurs, on ne savait où.

Prenez les histoires de miracles : Jésus demandait à ceux qu'il guérissait de ne pas aller le crier sur les toits. A croire que cela n'avait pas d'importance. Sauf pour les guéris, bien entendu.

Il y avait bien des mystères chez Jésus.

Lévi, qui s'était tu jusque-là, trop épuisé peut-être, s'ap-

---

3. Jn 4, 25-26.
4. Mt 16, 16-17 ; Mc 8, 29-30.

procha des deux hommes. Agacé, semblait-il, par leur débat. Parce que c'était évident à ses yeux. Jésus connaissait parfaitement les risques qu'il courait en venant dans la ville. Il n'avait jamais cessé d'attaquer les Grands Prêtres, tout comme Jean le Baptiseur, le fils de Zacharie et d'Elisabeth, l'avait fait avant lui. Au point que les hommes du Temple faisaient suivre l'un et l'autre par des espions et des contradicteurs. Et que le Baptiseur avait fini la tête tranchée. A la demande d'une femme qu'Antipas voulait mettre dans son lit à ce qu'on racontait. Mais surtout parce qu'il gênait tous les puissants.

Quant à l'idée qu'on avait préféré arrêter Jésus la nuit afin d'éviter de trop gros incidents, elle pouvait se discuter. Puisque, après l'arrestation, il ne s'était rien passé. Pas davantage quand ils s'étaient renvoyés Jésus de l'un à l'autre, à commencer par Anne, cette espèce de grand prêtre retraité, le chef de leur clan en réalité, puis d'Anne à Caïphe, Pilate, Antipas, encore Pilate et enfin la croix. Personne n'avait bougé quand le triste cortège circulait à travers la ville, passant par rues et ruelles. Pas un habitant de Jérusalem – cela, on pouvait s'y attendre –, mais pas un pèlerin non plus, même galiléen, comme s'ils étaient tous stupéfaits, découragés, anéantis, paralysés. Les Grands Prêtres avaient peut-être craint le contraire, c'est vrai, mais alors ils s'étaient trompés.

Lui, Lévi, la question qui le tracassait, c'était plutôt le rôle de Judas dans cette histoire. Pourquoi, pendant le repas, Jésus lui avait-il dit de se dépêcher de faire ce qu'il avait à faire ? De quoi voulait-il parler ? Qu'étaient-ils convenus ensemble ? A moins que Jésus ait été informé des intentions ou des trafics de Judas, et souhaité en finir...

Simon-Pierre s'impatientait. Il en avait assez des questions sur Judas. L'idée qu'un traître avait existé parmi eux le tourmentait toujours, lui rappelait aussi sa propre lâcheté, même s'il tentait aussitôt de l'excuser par l'obéissance au Maître. Donc, faire tout son possible pour oublier. En sachant que le possible était impossible. Et puis, Judas, c'était Jésus qui l'avait choisi, non ? Et il était mort, condamné comme un brigand. Rien de ce qu'ils avaient attendu, lui Simon-Pierre et les autres, n'était arrivé.

Ils étaient à présent tous réveillés, tous réunis, à palabrer. Le silence s'établissait parfois, comme s'ils n'osaient pas dire, avouer, ce qu'ils avaient en tête. Ou parce que leurs têtes, au contraire, étaient vides, leurs cœurs résignés et malheureux, et qu'ils n'étaient animés que d'une seule volonté : quitter Jérusalem qui les haïssait, rentrer en Galilée et se terrer chez eux. Se terrer parce que, même en Galilée, il se trouverait des langues de vipère pour railler, même en Galilée ils seraient nombreux ceux qui répéteraient « on vous l'avait bien dit ». Et se moqueraient peut-être. Tous ceux qui n'avaient pas voulu suivre Jésus. Par peur ou par paresse. Par souci de leurs petites richesses et de leurs tranquilles habitudes. Par manque de foi aussi. Ceux-là leur tomberaient dessus. Les montreraient du doigt. Trop contents.

Et leurs femmes ? Comment les accueilleraient leurs femmes ? Parce qu'elles n'étaient pas toutes d'accord, quand ils avaient tout laissé. Bien sûr, c'étaient des épouses soumises, comme leurs parents les avaient dressées et comme la Loi le leur ordonnait. Quand même, ils avaient entendu leurs soupirs et leurs pleurs, leurs regards plus clairs que les paroles. Qui les peinaient, bien sûr. Elles seraient satisfaites, heureuses, de les voir rentrer. Mais leur expliqueraient que, en leur absence, les enfants, les champs, la pêche, le beau-père, la belle-mère, et ainsi de suite... Tout ce qui n'aurait pas marché après leur départ leur serait reproché. L'absent a toujours tort, on le sait depuis le début des temps.

Pour les deux colosses galiléens, le père et l'oncle de Bartimée, c'était plus simple, moins risqué. Ceux-là n'avaient pas traîné sur les routes et les mauvais chemins avec Jésus pendant des mois. Seulement des disciples temporaires, comme il en existait des dizaines d'autres du côté de Capharnaüm et de Séphoris*.

Le père de Bartimée, justement, coupa soudain le silence. Pour murmurer que Jésus avait peut-être souhaité mourir.

Pas accepté : souhaité, vraiment souhaité. Et comme Lévi s'étonnait, il expliqua que le péché d'Israël, les péchés plutôt, étaient si grands, si lourds et si nombreux depuis si longtemps qu'il était impossible de les compter, de les mesurer. Alors, il était nécessaire qu'un des plus grands en Israël, plus grand peut-être qu'Abraham ou Moïse, un prophète dont le cœur et l'esprit étaient tout proches de l'Eternel, s'offrît en sacrifice, donne sa vie, pour que l'Eternel, le Très-Haut – béni soit Son Nom –, pardonne toutes ces fautes, tous ces péchés, se réconcilie avec Israël, le peuple d'Israël tout entier.

Plus ce prophète serait grand, bon, sage, inspiré, pieux, plus il serait proche de l'Eternel comme l'était justement le Nazaréen, plus le pardon serait certain, garanti. Voilà. Jésus s'était offert pour plaire à l'Eternel. Comme on offre les sacrifices* au Temple. Avec cette différence, considérable, que les animaux tués au Temple ne sont pas volontaires, ne comprennent pas ce qu'il leur arrive, tandis que lui, le Grand Jésus, le Maître Jésus, l'aurait voulu, pour sauver Israël.

D'ailleurs, voilà bien longtemps, un prêtre nommé Esdras, qui s'intéressait à la reconstruction du Temple justement, avait annoncé que le Messie mourrait, tous les hommes avec lui, et « le monde corrompu » aussi. Le père de Bartimée ne se souvenait pas de tout ce qu'avait dit Esdras, mais ces mots-là, « le monde corrompu », il les avait en mémoire. Il en était certain. Ensuite, disait cet Esdras, après sept jours, sept jours comme au commencement des temps, tout recommencerait comme avant les fautes, comme aux premiers jours de leurs premiers parents. Il y avait une autre phrase dont il se souvenait bien, et qui devait leur donner l'espoir : « La vérité se tiendra debout, la foi reprendra des forces, l'œuvre suivra, les actes de justice s'éveilleront[5]. »

---

5. Esd 7, 28-37.

Simon-Pierre, impressionné, le cœur soudain réchauffé, se redressa, prêt à embrasser le colosse.

Mais Lévi, le publicain*, qui savait lire et connaissait bien les Ecritures lui aussi, coupa son élan : dans ce vieux texte, Esdras ne disait jamais que le Messie s'offrirait en sacrifice : il mourrait de mort naturelle après avoir vécu très longtemps, et tous ceux qui ont un souffle d'homme mourraient avec lui. Ce qui n'était pas le cas pour Jésus.

Simon-Pierre se reprit, un peu déçu. Puis se souvint que l'Eternel n'aimait pas qu'on lui offre des hommes en sacrifice. La preuve : il avait arrêté le bras d'Abraham prêt à tuer son fils. Quand même, l'idée du sacrifice, du sacrifice voulu, accepté ou souhaité, fournissait une explication à l'inexplicable. Il faudrait s'en souvenir.

Il allait interroger là-dessus les deux savants en Ecritures quand son compagnon Jacques, le fils de Zébédée, bien silencieux jusque-là, lança une autre idée. Il ne croyait pas, lui, que Jésus ait voulu mourir. La preuve, il la trouvait dans son dialogue avec Judas lors du dernier repas. Une phrase l'avait frappé. Le Maître avait dit à Judas : « Ce que tu as à faire, fais-le vite[6]. » Pourquoi ? Pour être arrêté plus vite ? Parce qu'il voulait en finir ? Non, ça ne tenait pas. Lui, Jacques, imaginait que Jésus connaissait les relations de Judas avec les Grands Prêtres. Et comme il craignait d'être arrêté ce soir-là, il comptait sur Judas pour intercéder en sa faveur, parce qu'il pensait n'avoir pas tout annoncé encore, n'avoir pas accompli sa mission tout entière.

Voilà ce qu'il croyait maintenant, lui, Jacques.

Simon-Pierre était ébahi. Cela changeait tout.

Il lui revint à l'esprit, pourtant, ce que Jésus avait dit auparavant : l'un de ses compagnons le livrerait.

Quand même, ce serait tellement mieux si Jacques avait raison. Jésus n'aurait pas voulu mourir. Judas n'aurait pas trahi. Et si on l'avait vu arriver avec les policiers du Temple, c'est qu'il était entre leurs mains lui aussi. Prisonnier en

---

6. Jn 13, 27.

quelque sorte. Obligé de leur obéir jusqu'à embrasser Jésus. A moins qu'il ait obtenu d'eux, qui n'étaient pas tous des méchants, la permission de l'embrasser, parce qu'il regrettait déjà d'avoir trahi ? Ce serait déjà mieux.

Mais l'oncle de Bartimée, toujours prêt à jouer les importants en rappelant les Ecritures, raconta l'histoire d'un certain Joab, un général du grand David, furieux que celui-ci lui ait préféré son cousin Amasa pour le poste de commandant en chef. Ce fourbe de Joab alla voir Amasa, le saisit par la barbe, d'une main, pour l'embrasser, et de l'autre main lui enfonça son épée dans le ventre. Ce baiser était la ruse d'un traître, dit le colosse galiléen, comme celui de Judas. Et Salomon, fils de David, en a puni ce Joab en le tuant et en disant que le sang d'Amasa retombe sur la tête de Joab et sur celle de ses descendants à jamais[7].

Simon-Pierre se souvint d'avoir déjà entendu cette histoire : c'était une manie des rabbis et des docteurs de la Loi de discuter à l'infini sur de telles affaires pour en chercher le sens. Alors, Judas aurait trahi comme Joab, par jalousie ? Mais jaloux de qui ? De lui, Simon-Pierre ? Parce que... ? Quand même pas ? Que penser ?

La tête lui tournait, hantée de trop de questions. Il la prit entre ses mains, ferma les yeux, pour prier l'Eternel.

On s'agita, soudain, autour de lui. Bartimée cria que quelqu'un montait.

Simon-Pierre pensa : voilà Marie-Madeleine, comme Jeanne l'avait annoncé.

---

7. 2 S 20, 9-19 ; 1 R 2, 32-32.

Simon-Pierre n'appréciait qu'à demi Marie-Madeleine. Parce qu'elle était femme, d'abord. Comme tous ses compagnons, il avait été surpris de voir le Maître en accepter plusieurs dans leur groupe. Ils avaient même craint les railleries, avant de les admettre. Mais ils s'y étaient résolus d'autant plus facilement qu'elles se chargeaient de bien des questions matérielles, à commencer par leur nourriture.

Ils respectaient beaucoup Jeanne, mesurant les risques pris par cette aristocrate en se rangeant à leurs côtés. Marie-Madeleine, c'était une autre histoire. Des rumeurs couraient sur son passé. Surtout, le Maître avait dû la guérir, la redresser, la remettre sur le bon chemin. Elle lui devait d'être normale, à nouveau.

Ce qui hérissait Simon-Pierre, en outre, c'est que Jésus semblait lui accorder une confiance particulière. Il n'en était pas certain mais il croyait deviner qu'elle bénéficiait parfois de confidences, d'explications, dont il était exclu, lui, le premier des compagnons. Il lui arrivait de penser qu'elle n'existait vraiment que grâce à Jésus qui l'avait sauvée, tandis qu'il existait, lui, pour Jésus. Une rude différence. Qui le plaçait avant elle.

Et puis, au soir de la crucifixion, alors que chancelant, ivre de douleur et de honte, il cherchait la Chambre Haute pour s'y réfugier, il avait rencontré un de ses anciens voisins de Capharnaüm qui venait d'assister comme lui aux derniers instants de Jésus. Pas un disciple. Plutôt un curieux, presque content d'avoir une histoire de plus à raconter en rentrant chez lui, de pouvoir dire : « J'y étais, j'ai tout vu. » Il avait pu s'approcher, celui-là, jusqu'au barrage formé par les légionnaires romains qui interdisaient que la petite foule se presse au pied de la croix. Une foule où l'on apercevait le groupe des femmes, Salomé, Marie-Madeleine, d'autres encore. Simon-Pierre aussi les avait vues. Mais il était resté en arrière, par prudence. Comme plusieurs disciples accablés, mêlés aux curieux et aux ennemis de Jésus. Des disciples qui faisaient mine de ne pas se connaître et s'étaient rapidement dispersés après la mort pour éviter les policiers du Temple.

Ce voisin de Capharnaüm, un certain Jéhu, n'était pas reparti, lui, n'ayant guère de raisons de craindre, mis à part son allure de Galiléen. Il avait vu les soldats romains discutailler entre eux, disperser les curieux et la bande des autres, les fidèles des Grands Prêtres qui avaient crié des insultes au crucifié. Peu à peu, le lieu s'était vidé. Le soleil se cachait. Le vent roulait de ronds nuages noirs. Les gens étaient pressés de rentrer chez eux pour la Pâque. Mais ce Jéhu était resté, par curiosité. Pour savoir ce qu'on allait faire du corps. Parce qu'il avait appris que les Romains, non contents de laisser longtemps les cadavres suspendus au bois de la croix, les abandonnaient ensuite sur le terrain où ils servaient de nourriture aux corbeaux et à quelques oiseaux aux becs avides. Tandis que les Juifs jetaient les corps dans un trou, comme des bêtes, les enterraient avant la nuit.

Ce qui intéressait davantage encore ce Jéhu de Capharnaüm, c'était l'attitude des femmes. Parce qu'elles n'avaient pas bougé. Elles restaient là, figées, un bloc de douleur. Comme s'il leur était impossible de quitter Jésus. Comme si elles attendaient qu'il criât, bougeât, parlât, parce qu'elles ne pouvaient croire qu'il mourût ainsi, que tout fût fini, que leur immense espoir se déchirât en ces heures d'avant la Pâque, d'avant la fête.

Le ciel commençait de se voiler, la nuit allait venir. Elles étaient toujours là. Immobiles. Pleurant et priant l'Eternel, à coup sûr. Droites et dignes.

De rares curieux, des traînards, les observaient. Et lui, Jéhu, commençait à penser que la règle romaine l'emportait puisque le crucifié restait pendu au bois, gardé par quelques soldats. Mais soudain apparut, accompagné d'un chef légionnaire, un homme qui avait grande allure – il existe des gens dont on voit tout de suite qu'ils ont l'habitude de commander et celui-là, à coup sûr, en était. Cet homme marcha jusqu'à la croix et se fit aider par les soldats pour descendre le corps. A moins que les Romains l'aient fait de leur propre initiative, Jéhu était trop éloigné pour bien voir. Ce dont il était sûr, c'est que l'homme avait enroulé le corps dans une longue toile pour l'emporter. Il avait vu aussi que deux femmes l'avaient suivi, en compagnie de deux ou trois ombres – la nuit allait tomber, il ne pouvait plus très bien distinguer –, mais les deux femmes, oui, il en connaissait bien une, c'était Marie-Madeleine. Curieuse de savoir où ils enseveliraient Jésus, avait-il conclu. Et c'est en rentrant dans la ville qu'il avait rencontré Simon-Pierre, bienheureux semblait-il de trouver chez lui une première oreille attentive, disposée à entendre une histoire qu'il n'allait pas manquer de répéter jusqu'à Capharnaüm et jusqu'au jour de sa propre mort.

En attendant, si Simon-Pierre souhaitait l'accompagner, il pourrait lui trouver une place sous la tente au mont des Oliviers où il campait avec toute son équipe de gens du pays : il n'aurait rien à craindre d'eux bien qu'ils sachent tous combien il était proche de ce Jésus.

Mais Simon-Pierre, obsédé par la faute de Judas, voyait un possible traître en tous et en chacun. A commencer par ce Jéhu. Il espérait aussi retrouver ses compagnons à la Chambre Haute. Il avait décliné l'invitation. Et s'était enfui. Tourmenté maintenant par une pensée aveuglante et torturante : alors qu'il avait renié Jésus, Marie-Madeleine, elle, l'avait suivi jusqu'au tombeau. Fidèle jusqu'à la fin. Que lui dirait-elle à présent ?

Détruite. Elle est détruite, pensa d'abord Simon-Pierre. Marie-Madeleine semblait affaissée, avait perdu ce maintien royal qui la distinguait de tous et de toutes quand ils couraient de maison à village, se traînaient de tente à grotte, escortant Jésus sur les pierreux chemins de Galilée et de Judée. Discrète, elle se tenait alors à l'arrière de leur petite troupe de gueux et de bien vêtus, de costauds en guenilles et de vaillantes aux pieds en sang. Mais les gens des bourgs et des hameaux ne voyaient qu'elle. Après lui, bien sûr, le Maître, qui les attirait là. Et qu'ils voulaient tous toucher, entendre, supplier.

Soudain pourtant, découvrant Simon-Pierre, elle se redressa. Il crut même la voir grandir, s'élever. Le visage ravagé creusé par les pleurs, mais lumineux, étoilé.

Cette pensée le traversa : elle a souffert de la souffrance du crucifié, son corps en est blessé, mais elle vit encore avec lui, il est toujours vivant pour elle. Et lui, Simon, rêva de partager cette vie-là, oublia ses rancœurs, ses hontes et ses peurs, tendit vers elle la main. Qu'elle baisa.

Les autres, captivés, s'étaient tus, les observaient. Sans un regard pour les deux paniers d'œufs, de fromages et d'amandes qu'elle avait apportés.

Bartimée coupa ce silence, cria « Hosanna au Fils de David ! » comme ils l'avaient fait à leur entrée dans Jérusalem. C'était voilà cinq ou six nuits, c'était si loin.

Son père le reprit : qu'il se taise ! Mais la belle Marie de la ville de Magdala lui posa la main sur la tête, tendre, l'attira contre elle, comme l'eût fait une maman.

Alors surgirent de leur petit groupe de multiples questions. Savait-elle où se cachaient les autres ? Et ce qu'était devenu Judas ? Est-ce qu'il se pavanait parmi ses nouveaux amis ou, au contraire, honteux et couard, avait-il cherché refuge chez eux ? Que disaient la ville, les boutiquiers, les pèlerins ? Que pensait-on du supplice de Jésus ? Et les Romains ? Se montraient-ils ?

Simon-Pierre leur imposa silence. Ferme. Comme si l'arrivée de Marie-Madeleine lui avait rendu confiance et autorité. Ce qu'il voulait savoir, lui, c'était ce que l'on avait fait du corps du Maître. Et d'abord, Marie-Madeleine connaissait-elle le personnage qui s'était faire remettre le cadavre ?

Elle parut étonnée qu'il soit informé de l'intervention de celui-ci, qu'il y ait donc peut-être assisté. La honte, alors, reprit Simon-Pierre : pensait-elle donc qu'il n'avait pu suivre Jésus, au moins jusqu'au Golgotha, lui que la plupart considéraient comme son homme de confiance, le premier parmi ses premiers compagnons ? Marie-Madeleine le jugeait-elle lâche à ce point ?

L'homme qui avait reçu le corps, répondit-elle, l'avait traité avec un très grand respect. Puisque Simon-Pierre était au courant, peut-être savait-il que ce personnage avait pris soin d'apporter une grande toile de lin pour l'ensevelir. Elle ne le connaissait pas et n'avait pu lui parler : pressé d'en finir, il avait rapidement disparu. Mais Jeanne, elle, avait appris de son mari Chouza – toujours bien informé chez Hérode Antipas – qu'il s'agissait d'un certain Joseph*, réputé pour sa grande piété et qui, à ce que l'on savait, n'avait jamais compté parmi les disciples de Jésus, même les plus éloignés. Ce n'était pas un Galiléen, ce que l'on aurait pu supposer. Un Judéen au contraire, originaire d'une petite ville éloignée, Arimathie, un de ces endroits où Jésus ne comptait guère d'amis. Il y avait donc là un mystère. Peut-être cet homme si pieux avait-il simplement voulu que la Loi soit respectée, puisqu'elle ordonne que tout condamné à mort soit enterré avant le coucher du soleil[1]. Peut-être aussi apprendrait-on un jour qu'il était un disciple secret de Jésus. En tout cas, il était bien vu des Romains : ils l'avaient laissé faire et même un peu aidé, alors que la Loi ne comptait pas plus pour eux que la vie d'un Juif. Quant à savoir s'il avait rendu tous les honneurs au corps, s'il l'avait soigneusement lavé et embaumé avant de le rouler dans la toile et de le placer au tombeau, elle ne pouvait le dire, car elle n'avait pu s'approcher. Tout ce qu'elle avait vu, c'est que le tombeau avait été bien fermé, d'une grosse pierre. A son avis, cet homme avait agi trop rapidement – même si un ami s'était joint à lui – pour avoir le temps d'oindre le cadavre et utiliser les aromates comme on le faisait toujours. Il faudrait donc y retourner afin que les choses soient en ordre. Elle se l'était promis.

Elle s'y rendrait dès que possible, après le sabbat, et elle espérait bien trouver de l'aide parmi eux pour rouler la pierre, qui semblait tellement lourde. Car il ne fallait pas s'y tromper, et sur ce point ils pouvaient se rassurer : c'était un très beau tombeau, comme tous ceux que se réservaient les Judéens riches, même s'ils habitaient au loin, afin de disposer d'une sépulture à Jérusalem, la Ville sainte.

Elle s'interrompit soudain, les dévisagea alors. Attentive. Comme si elle doutait, soupçonna Simon-Pierre, qu'ils osent sortir pour lui venir en aide dans ce lieu peut-être surveillé par leurs ennemis.

Une bouffée d'humiliation le saisit à nouveau. Il fit un petit signe de tête – oui, il s'y rendrait –, gardant les yeux fixés au sol, évitant de vérifier l'attitude des autres dont il craignait qu'ils ne se dérobent, ce qui aurait accru sa honte.

Le silence s'était établi, que finit par rompre l'oncle de Bartimée. L'important pour lui, dit-il, et pour les autres aussi qui venaient d'en discuter, n'était pas là. Jésus lui-même avait dit à un homme qui voulait enterrer son père avant de le suivre qu'il fallait laisser les morts enterrer les

---

1. Dt 21, 22-23.

morts[2]. C'était pourtant de son propre père que parlait ce Galiléen-là, et il voulait remplir un devoir sacré.

Simon-Pierre l'arrêta. Violent comme il savait l'être parfois. Lui dit qu'il ne comprenait donc rien à rien, alors qu'il faisait mine de savoir analyser les moindres mots des Ecritures. Et que Jésus, parlant ainsi, ne voulait pas prêcher le mépris des parents ni des devoirs qu'il fallait rendre aux morts, mais montrer qu'il existait des priorités, que le plus urgent était d'annoncer la Bonne Nouvelle, tout de suite.

Il était comme cela, Jésus, il disait des choses difficiles à admettre, scandaleuses, mais c'était pour pousser à la réflexion, faire mesurer l'importance énorme de la Bonne Nouvelle, une importance telle qu'il ne fallait pas attendre même la moitié de la moitié d'un jour pour la crier partout, par-dessus les terrasses et les montagnes. Et la Bonne Nouvelle, c'était l'existence d'une autre vie, plus forte que la mort.

Simon-Pierre était fier de cette réponse, espérait que Marie-Madeleine l'approuvait, le jugeait mieux désormais.

Mais l'oncle de Bartimée, pas démonté, revint à la charge. Puisque Simon parlait de priorités, la priorité pour le Messie, pour un Messie, ce n'était pas de mourir sur une croix comme un chenapan, non ? C'était au contraire de rétablir Israël dans sa puissance et sa gloire. Et puisque Simon-Pierre parlait aussi d'annoncer la Bonne Nouvelle, ce n'était pas en mourant que Jésus pouvait le faire.

Ou bien il n'était pas le Messie qu'ils avaient tous tant espéré, attendu, leurs parents aussi, et les parents de leurs parents, et leurs ancêtres avant eux. Et alors, ils avaient eu tort de l'écouter.

Ou bien il avait voulu mourir, comme le suggérait tout à l'heure son frère, et s'il l'avait souhaité, c'était pour s'offrir en sacrifice à Dieu, comme l'agneau que l'on tue à la Pâque, afin de prendre sur lui, et ainsi d'effacer, les péchés d'Israël, de tout son peuple. Ce n'était pas ainsi qu'ils avaient tous

---

2. Mt 821-22 ; Lc 9, 59-60.

vu et rêvé le Royaume qu'il annonçait, mais cela pouvait se comprendre. Parce qu'il fallait bien trouver une raison à cette mort voulue, ou acceptée.

Lévi l'interrompit. Jésus, dit-il, était mort tout simplement mais glorieusement parce qu'il accomplissait sa mission. Et cette mission était de porter la Bonne Nouvelle partout, à commencer bien sûr à Jérusalem. Or, la Pâque, qui rassemblait tant de Juifs venus de tout le pays et même de tous les bords de la Méditerranée, lui en fournissait une excellente occasion, qu'il ne pouvait manquer. Il savait bien qu'il prenait des risques, ils le savaient tous, et depuis longtemps, mais c'était son devoir de prophète, et peut-être de plus que prophète. Malheureusement, Israël n'écoutait pas toujours les prophètes, loin de là. Puisque l'autre semblait si bien connaître les Ecritures, il devait le savoir : Israël en avait déjà tués quelques-uns, avant Jésus.

L'autre, l'oncle de Bartimée, ne semblait pas supporter aisément la contradiction. Il s'empressa de faire remarquer à Lévi qu'il n'était qu'un publicain, qu'il avait gagné sa vie en collectant les impôts et les taxes pour les Grands Prêtres et les Romains, les meurtriers de Jésus, et que cela ne le qualifiait pas pour donner son avis.

Simon-Pierre, furieux, s'approchait pour séparer les deux hommes, prêts à se prendre au collet, quand Marie-Madeleine éleva la voix. Calme. Mais assurée.

Ils n'avaient rien compris, dit-elle. L'idée que Jésus s'était offert en sacrifice, comme l'agneau de la Pâque, était entièrement fausse. Car il n'aimait pas les sacrifices. Et il n'était pas le seul. Est-ce que l'un d'entre eux avait lu le prophète Amos ?

Personne ne bougea. Aucun ne répondit.

Elle ne se souvenait pas de tout, reprit-elle. Parce qu'elle était une femme et que, bien sûr, on n'apprenait pas les Ecritures aux filles. Ce fut seulement ensuite, après qu'elle eut entendu parler Jésus, qu'elle s'y était intéressée. Et parmi les prophètes, cet Amos l'avait beaucoup surprise et même passionnée.

Alors, voici ce que le Seigneur disait à propos des sacrifices à en croire Amos. Le Seigneur semblait presque furieux de ces tueries, expliquait que rien ne lui plaisait et pas davantage dans toutes les offrandes qu'on lui faisait, la mise à mort des bêtes, aussi grasses soient-elles ; ce qu'il voulait, c'était la justice[3].

Simon l'approuva. Il se souvenait d'une parole de Jésus qui disait à peu près la même chose : si un homme allait apporter une offrande à l'autel et se souvenait d'une querelle avec son frère, il valait mieux commencer par se réconcilier avec celui-ci[4].

Marie sourit, heureuse de cet appui. Et Simon-Pierre se sentit réconforté, à nouveau reconnu comme chef. Mais elle n'avait pas terminé, commença à parler d'Isaïe, l'un des plus grands parmi les prophètes, dont ils avaient tous entendu l'enseignement, elle l'espérait. Cette fois, elle connaissait par cœur un bout de texte, celui où le Seigneur dit : « Que me fait la multitude de vos sacrifices ? Les holocaustes de béliers, la graisse des veaux, j'en suis rassasié. Le sang des taureaux, des agneaux et des boucs, je n'en veux plus. Cessez d'apporter de vaines offrandes : la fumée, je l'ai en horreur[5]. »

Ils la regardaient, l'écoutaient. Impressionnés. Voilà qu'une femme citait et commentait les Ecritures. On n'avait jamais vu et entendu cela à la synagogue. Jamais. Il avait fallu que Jésus... Décidément, celui-là avait tout bousculé.

L'oncle de Bartimée ne s'avouait pas convaincu pour autant. Dans les Ecritures, dit-il, on pouvait trouver bien d'autres exemples de sacrifices qui plaisaient à Dieu, auxquels il ne s'opposait pas. Son frère acquiesça, Lévi aussi.

Alors Marie-Madeleine leur rappela l'affaire du Temple, si récente, qui avait à coup sûr contribué à exaspérer les Grands Prêtres, leurs complices et leurs amis. Ainsi que les artisans miséreux, peut-être, et les petits marchands pour qui le pèlerinage de la Pâque était une aubaine, le moyen de

---

3. Am, 21-24.
4. Mt 5, 23-24.
5. Is 1, 11-13.

gagner de quoi survivre. Mais Jésus ne visait pas ceux-ci. Il ne s'en était pas pris aux pèlerins, et pas davantage au pèlerinage. Comment pouvait-on supposer qu'il condamnait la prière, la louange du Seigneur ?

Elle leur posa donc cette question : qui étaient les changeurs de monnaie* dont il avait renversé les tables ? Les hommes du Temple, tout le monde le savait : les prêtres*, les lévites* et leurs serviteurs. Et qui faisait commerce des oiseaux, des agneaux, des moutons et des bœufs que l'on allait sacrifier ? Encore eux. Les mêmes. Qui n'étaient pas tous poussés par l'appât du gain, bien sûr. Il y avait parmi eux bien des hommes pieux qui croyaient rendre service, permettre aux pèlerins de célébrer le culte en offrant les sacrifices à l'Eternel.

Le père de Bartimée, admiratif et bientôt approuvé par les murmures des autres, souligna qu'il fallait être un homme de la trempe du Nazaréen pour oser, presque à la veille de la Pâque, se saisir d'un fouet et balayer le trafic exercé dans le Temple. Parce que, cette fois, Jésus touchait à la caisse, il attaquait tout ce beau monde, tous ces importants qui exploitaient le peuple au nom de l'Eternel, des gens qui, non contents de percevoir la dîme de tout, du grain, du vin, de l'huile et des animaux, se faisaient encore des deniers et des drachmes avec les sacrifices. Et beaucoup des pèlerins qui étaient là, à ce moment, dans le Temple, l'avaient sûrement approuvé du fond du cœur. La preuve était que personne ne s'était mis au travers, que les policiers du Temple eux-mêmes n'avaient pas osé bouger, n'avaient empêché Jésus à aucun moment de renverser les tables, de libérer les volailles, les oiseaux et les moutons. Quelle pagaille ! Et quel bonheur ! Mais ensuite, Jésus aurait dû se retirer, se cacher ou quitter la ville. Parce que c'était sûr : après ce coup-là, ils se vengeraient à la première occasion. Ils n'attendraient pas. On l'avait bien vu.

Simon-Pierre n'était pas d'accord. Impossible. Fuir ou se cacher, ce n'était pas le genre du Nazaréen. Il lui arrivait, bien sûr, de s'écarter de la foule pour prier. Ou de vouloir échapper à ceux qui voulaient le faire roi alors qu'il avait une autre idée en tête, parce qu'il voyait les choses autrement, lui. Parce qu'il avait son plan et voulait rester libre d'agir à sa guise. Parce qu'il était la liberté, lui. On ne le dirait jamais assez. Mais s'échapper ? Seulement en avoir l'idée ? Non. C'était mal le connaître.

Ils commençaient à palabrer. Chacun avait son idée sur ce que Jésus aurait dû faire, sur son plan et les raisons de cette triste fin, sa mort.

Marie-Madeleine, lasse de leurs discussions, se laissa glisser contre un mur, saisit un coussin pour s'y asseoir. Elle s'adressait des reproches puisqu'elle n'avait pas su se faire comprendre. Parce qu'elle interprétait autrement cet événement. Elle y avait réfléchi tout au long des derniers jours, si mouvementés pourtant, et croyait deviner que ce scandale au Temple – parce qu'il s'agissait d'un scandale, il fallait appeler les choses par leur nom – avait un autre sens. Très important. Capital. Jésus s'en était pris au trafic bien sûr, à tout ce commerce, mais ce qu'il condamnait d'abord c'était le sacrifice lui-même. Quand il parlait de l'Eternel son Père – parce qu'il parlait de l'Eternel comme de son Père à lui –, il disait qu'il était bon, la bonté même, bon pour les méchants comme pour les autres. Alors qu'avait-il à faire des sacrifices ? Rien. Jésus disait que l'Eternel pardonne soixante-dix-sept fois sept fois, c'est-à-dire toujours. Son Père n'aurait donc pas besoin qu'il s'offrît lui-même en sacrifice pour effacer les péchés d'Israël. Cette explication ne tenait pas debout.

Elle se racontait les histoires que disait Jésus pour expliquer qui était le Seigneur. Le soir où il dînait chez Simon le Pharisien par exemple. Celle du créancier à qui un homme devait cinq cents deniers, un autre cinquante. Et, « comme ils n'avaient pas de quoi rembourser, il fit grâce à tous deux[6] ».

Ou encore, celle du roi à qui un serviteur devait dix mille talents. Une somme considérable. Marie-Madeleine avait

---

6. Lc 7, 41-42.

essayé de calculer un jour combien de maisons on pouvait s'offrir avec dix mille talents, et avait vite renoncé. Mais ce qu'elle n'oubliait pas, ne pourrait jamais oublier, c'était la suite. Parce que le roi, après avoir menacé et sermonné son serviteur – non sans raison quand même, une telle somme dilapidée ! –, s'était apitoyé puis avait remis la dette[7].

Ce que l'on doit à l'Eternel, se dit Marie-Madeleine, ce n'est pas un sacrifice, des sacrifices, c'est de bien se conduire, d'être juste et de faire régner la justice. Il est vrai, l'oncle de Bartimée avait eu raison de le remarquer : sur ce sujet, les Ecritures ne disaient pas toujours la même chose. C'était parce que les hommes n'avaient pas compris du premier coup qui était vraiment l'Eternel, parce qu'ils ne le découvraient que peu à peu. Mais pour le faire comprendre, Jésus, lui, ne s'était pas contenté d'un peu à peu. Il avait tout bousculé, comme les tables des changeurs du Temple. Peut-être pas bousculé la religion à ce point, c'est vrai, parce qu'il citait volontiers les Ecritures, comme un bon Juif très pieux et très informé, mais quand même... Il avait tout fait avancer. Un pas de géant.

Elle tenta de l'expliquer à Simon-Pierre, venu s'asseoir près d'elle. Il secoua la tête, incrédule. Mais non, jugeait-il, on ne pouvait pas penser ainsi. Les anciens avaient toujours cru que l'Eternel était une puissance infinie dont il fallait s'attirer la bienveillance par des sacrifices et des prières. Et pas seulement les anciens de leur peuple, d'Israël. Mais les Romains, les Grecs, les Perses et aussi tous les hommes de l'Orient lointain, tous pensaient la même chose de leurs dieux à eux. Pour qu'ils les protègent, leurs dieux, et leur fassent gagner des batailles, il fallait les supplier, et leur offrir des choses précieuses en échange, se priver, se sacrifier. Elle n'allait quand même pas changer tout cela !

Elle sentait bien qu'elle était sur le chemin de la vérité, mais n'eut pas le cœur de reprendre le débat, pensa qu'il

---

7. Mt 18, 23-27.

finirait par la croire un peu dérangée, comme certains le murmuraient peut-être encore.

Les autres, discussions terminées, se partageaient les provisions qu'elle avait apportées. Elle sourit à Simon-Pierre, s'étendit davantage, s'assoupit.

Et Judas ? Qu'était devenu Judas ?

Cette question leur perçait encore la tête et le cœur. Ils ne regrettaient pas de s'être affrontés, épuisés en discussions sur le sens de la mort de Jésus. Une fin infâme, aussi difficile à comprendre qu'à admettre.

Mais Lévi, Jacques et Simon-Pierre gardaient encore en tête l'image de leur ami accompagnant, guidant peut-être, ceux qui venaient se saisir du Maître. Elle les obsédait, cette image. Ils voyaient, revoyaient encore et encore cette petite foule porteuse de torches et d'armes surgir dans la nuit. Des hommes parmi lesquels ils reconnaissaient quelques policiers du Temple, ceux qui avaient été affectés à leur surveillance depuis leur entrée à Jérusalem. Et qu'ils avaient souvent pris plaisir à berner, tromper, en compagnie de Judas justement, en les aiguillant sur de mauvais chemins pour qu'ils perdent la trace de Jésus, en courant vers la ville basse et la porte de l'Eau tandis que le Maître contournait, paisible, la tour des Romains, la forteresse Antonia, pour gagner le mont des Oliviers. Et Judas plaisantait avec eux, le soir, en partageant des galettes, quand ils se racontaient les uns aux autres, enfin détendus, bien cachés parmi la foule des pèlerins qui campait là, quelles ruses ils avaient une fois encore inventées pour protéger le Maître.

Comment avait-il pu basculer dans l'autre camp, lui, leur ami ? Car c'était leur ami. Depuis des mois et des mois, il avait partagé avec eux de joyeux repas, souffert avec eux de faim, de froid et d'un trop ardent soleil. Il avait partagé avec eux la parole du Maître, passionné comme eux, saisi de la même espérance, emporté par le même enthousiasme. Comment auraient-ils pu craindre, imaginer ? Si du moins ils pouvaient le revoir, le retrouver, s'il n'avait pas disparu après sa trahison, couru peut-être jusqu'à la mer et plus loin que la mer, jusqu'au désert et plus loin que le désert, ils s'expliqueraient, entre hommes, les yeux dans les yeux, sans faiblir. Il faudrait bien qu'il dise ses raisons – si l'on pouvait parler de raisons –, sa folie plutôt. Ou comment Satan s'était emparé de lui, l'avait possédé.

Il faudrait bien qu'il paie.

Les autres, les deux colosses galiléens, n'étaient pas moins anxieux de savoir.

Ils se concertèrent.

Marie-Madeleine, pensaient-ils, avait entendu ce qui se racontait dans Jérusalem, connaissait à coup sûr les rumeurs qui couraient la ville. Mais voilà qu'elle s'était endormie, lasse peut-être de leurs palabres, dépitée qu'ils l'aient à peine écoutée et encore moins entendue, quand elle avait nié l'importance des sacrifices pour Jésus. Ce qui était impossible à croire. Le contraire de ce qu'ils avaient appris depuis leur plus jeune âge. Un coup terrible porté à la religion de leurs pères.

Ils rêvaient qu'elle s'éveillât, mais n'osaient pas la sortir de son sommeil. Ils imaginaient les souffrances qu'elle avait endurées, comme eux et peut-être plus qu'eux puisqu'elle était si proche de lui, depuis cette nuit de catastrophe où l'on avait condamné et torturé le Maître. Ses yeux – ils l'avaient tous remarqué à son arrivée – brillaient d'une étonnante lumière. Mais ses traits trahissaient une fatigue extrême : ils l'avaient tous remarqué aussi.

Bartimée les tira d'embarras en faisant chuter par accident une poterie oubliée dans un coin de cette grande salle qu'il avait entrepris d'explorer.

En d'autres temps, il eût fui la colère de son père, et plus encore celle de son oncle, un rude qui traitait durement ses propres enfants. Cette fois, ils n'avaient d'attention que pour Marie-Madeleine.

Le bruit l'avait réveillée. Simon-Pierre, sans attendre, avait entrepris de l'interroger.

Non, elle n'avait pas vu Judas. Mais on le disait mort. Mort ? Comme le Maître ? Pas crucifié quand même ? Ni tué par ses nouveaux amis, soucieux de ne pas s'en encombrer dès lors qu'il avait rempli son office de malheur ? Quoique... Mais non. Alors, mort comment ?

Il s'était tué lui-même à ce que certains racontaient. Une histoire folle dans ces journées folles.

Voyant Jésus condamné à mort et remis à Pilate pour être crucifié, il avait, disait-on, été assommé de désespoir. Comme s'il avait rêvé d'une tout autre fin. Comme s'il avait élaboré un plan compliqué pour obliger Jésus à se démasquer totalement, à se révéler enfin comme le vrai Messie qu'ils attendaient tous, que leurs pères et les pères de leurs pères avaient, avant eux, attendu. Car le Maître tardait trop. Ce n'était pas ce qu'ils avaient espéré en le suivant, en se dévouant à sa cause. Alors, si les hommes des Grands Prêtres finissaient par lui mettre la main dessus, il ne pourrait pas le supporter, il serait bien obligé de crier enfin sur les toits et sur les terrasses qui il était, d'appeler tous les Galiléens venus à Jérusalem pour la Pâque, des Judéens aussi bien sûr, à se révolter sous son commandement pour établir le nouveau règne de l'Eternel, bâtir le Royaume dont il avait à longueur de jours annoncé la venue, et chasser enfin les Romains.

Marie-Madeleine avait entendu un homme sensé – elle ne dit pas son nom, mais Simon-Pierre pensa à Nicodème – donner cette explication de l'attitude de Judas. Il se demandait même si Jésus n'était pas d'accord. S'il n'avait pas cru que son arrestation provoquerait une révolte dont il profiterait pour prendre le pouvoir. Mais ensuite, il aurait changé d'avis, trop épuisé peut-être. Ou voyant que personne ne bougeait, que les policiers du Temple et ceux qui les suivaient cette nuit-là étaient trop nombreux. Marie-Madeleine, elle, n'y croyait pas. Un tel calcul, une telle combine, ce n'était pas le genre de Jésus. D'autres auraient pu inventer des histoires tortueuses. Pas lui qui était droit, allait toujours droit.

L'homme qui avait imaginé cette explication, ajouta-t-elle, était quand même bien informé. Il savait que les Grands Prêtres avaient donné quelques pièces d'argent à Judas afin de payer ce qu'ils pensaient être sa trahison. Pas une somme énorme, non. Assez, quand même, pour acheter un esclave de taille moyenne, pas trop chétif. Ensuite, Judas avait dû constater que rien ne se produisait de ce qu'il avait espéré. Jésus ne s'était pas révolté, les pèlerins galiléens n'avaient rien tenté pour le sauver, et la puissance des armées divines n'était pas accourue à son secours. Alors, ce malheureux était retourné chez les Grands Prêtres pour leur crier que Jésus était innocent. Ce dont ils se moquaient. Et comme ils l'accueillaient avec sarcasmes et moqueries, il leur avait jeté au visage leurs maudites pièces d'argent. Avant de s'enfuir, désemparé, triste à en mourir. Et de se pendre. Oui, de se pendre.

Ils se turent. Incrédules. Effarés.

C'était pourtant ce que disait cette homme sensé, reprit Marie-Madeleine.

Ce qu'il racontait du retour de Judas chez les Grands Prêtres était sans doute vrai, car il ne manquait pas de relations de ce côté-là. En revanche, elle le répéta, elle ne croyait guère aux raisons qu'il invoquait pour expliquer l'attitude de Judas. Pour elle, l'Iscariote avait trahi, tout simplement, et le remords l'avait ensuite étouffé. Trop tard.

Comment, se demandait-elle, aurait-il pu espérer obliger Jésus à déclencher une révolte en facilitant son arrestation par les gens du Temple ? Il devait bien savoir, comme eux tous, que le Maître ne se laissait pas forcer la main. Bien sûr, il écoutait avec bienveillance les malheureux et les petits, finissait par guérir les aveugles et les lépreux, alors qu'il n'aimait pas tellement faire de merveilleux miracles, car ce n'était pas son objectif principal. Sa mission était autre, il le savaient tous ou devraient le savoir : il s'agissait, pour lui, d'annoncer qui est vraiment le Seigneur et ce qu'il voulait. Certes, parce qu'il était la bonté même, l'amour même, il prenait le temps de redresser les bancals, d'ouvrir les oreilles des sourds et les yeux des aveugles, de fermer des plaies et de rendre aux paralysés des membres capables de bouger. Mais ce n'était pas l'essentiel, la priorité pour lui. Il avait son plan, et personne n'aurait pu l'en faire changer.

Ne s'en étaient-ils pas aperçus, une fois de plus, tous, il y a quelques jours, quand il avait décidé de se rendre à Jérusalem ? Ils s'étaient relayés, les uns et les autres, pour lui faire mesurer les risques qu'il courait dans cette ville qui le haïssait. Ces risques, il les connaissait bien. Mieux que quiconque. Seulement voilà : tant de Juifs se pressaient autour du Temple, pour la Pâque, qu'il ne pouvait laisser passer cette occasion d'annoncer la vérité du Seigneur. Il avait fait, en dépit de leurs conseils et de leurs craintes, ce qu'il avait décidé. Il faisait toujours ce qu'il avait décidé. Pas moins. Mais pas plus. Judas aurait bien dû le savoir.

Il aurait bien dû comprendre aussi que le Royaume dont Jésus parlait n'était pas comme les royaumes et les empires de la terre, ceux d'Hérode, de ses fils Archelaüs et Antipas, de Nabuchodonosor il y a bien longtemps, même pas comme celui de David. Le Maître leur avait répété sur tous les tons, plusieurs fois, que le vrai royaume était comme une semence, très puissante, déposée par l'Eternel au cœur de l'homme. Et il expliquait : « D'elle-même la terre porte du fruit, d'abord l'herbe, puis l'épi, puis plein de blé dans l'épi[1]. » Ou bien, il comparait le Royaume, son royaume, à du levain, qui ne se voit pas mais qui fait lever la pâte. Et s'il guérissait les malades, chassait les démons, c'était aussi pour montrer que son royaume était déjà là. Il était déjà là, mais il grandirait de plus en plus comme le grain qui devient plante, comme la pâte que le levain fait monter. Sans se montrer. Voilà ce que le Maître annonçait. Et si Judas ne l'avait pas compris, c'est qu'il était bête. Mais cela, elle ne pouvait pas le croire, parce qu'elle le connaissait

---

1. Mc 4, 28.

bien, comme eux. Donc, il avait fait le mal, tout simplement.

Simon-Pierre hasarda une fois encore que Satan l'avait inspiré. Une idée à laquelle s'opposa l'oncle de Bartimée. A en croire les Ecritures, dit-il, Satan n'était pas toujours du côté du mal. Simon-Pierre, exaspéré par cette maudite manière qu'avait le colosse d'invoquer à tout bout de champ les Ecritures qu'il ne connaissait pas parfaitement, lui imposa silence. Il s'agissait d'abord, lui rappela-t-il, de savoir ce qu'était devenu Judas, de s'informer de son sort. Afin de le retrouver, plus tard, s'il avait survécu. Qu'ils laissent donc parler Marie-Madeleine.

Elle eut un léger sourire. Comme amusée, heureuse de retrouver Simon-Pierre faisant l'autoritaire. Puis reprit en expliquant que l'homme sensé, celui qui semblait avoir suivi de près ou de loin tous les événements des derniers jours, avait remarqué un autre point : c'est que le préfet romain, Pilate, était persuadé lui aussi de l'innocence de Jésus. Mais qu'il avait accordé sa mort, comme un cadeau, aux Grands Prêtres. A moins que ceux-ci lui aient raconté l'affaire des marchands du Temple, afin de renforcer sa crainte de troubles.

On pouvait aussi penser que Pilate voyait en Jésus, avec raison, un personnage tout différent de ce Barrabas qu'il tenait prisonnier, qui n'était pas un manifestant souhaitant renverser le pouvoir des Romains, les chasser. Parce que ce Nazaréen parlait de cet autre Royaume d'on ne savait où. Un royaume de rêve. Une vision de rêveur aux yeux d'un préfet romain. Ce qui expliquerait pourquoi Jésus lui semblait moins dangereux. Pour l'instant du moins.

Cette fois, le père de Bartimée interrompit Marie-Madeleine. Il se demandait pour quelle raison les Grands Prêtres avaient mêlé les Romains à leur complot. S'ils voulaient la mort de Jésus, ces maudits, ils pouvaient régler cette affaire entre Juifs, en le lapidant. Son frère rétorqua qu'ils n'en avaient plus le droit : les exécutions de condamnés, à présent, c'était le travail des Romains.

Lévi allait se mêler à leur discussion quand Simon-Pierre

leur ordonna, une fois encore, le silence. Qu'ils écoutent donc Marie-Madeleine. Ce qui importait pour lui, à l'heure présente, c'était l'histoire de Judas, un homme dont il avait partagé la vie pendant des mois et des mois. Que son sort l'intéresse, ils pouvaient le comprendre, non ? Parce que, s'il avait trahi, lui, Judas, cela signifiait qu'ils étaient tous capables d'en faire autant. Ils auraient tous pu trahir.

Il se tut aussitôt, effaré de ce qu'il venait de dire et qu'il sentait vrai, impressionné par ses propres mots. Il songea au coq.

Les autres, aussi, avaient fait silence.

Alors, il entama le Chema Israël.

Ils reprirent après lui : « Tu aimeras l'Eternel, ton Dieu, de tout ton cœur, de toute ton âme et de toutes tes facultés. »

Marie-Madeleine pleurait.

Simon-Pierre doutait. Ce que lui avait dit Marie-Madeleine, le récit qu'elle rapportait sur la fin de Judas, lui semblait incroyable.

La Loi interdisait absolument le suicide. C'était, du moins, ce que son père lui avait appris, le rabbi qui présidait à la synagogue aussi : se tuer soi-même, mettre fin à la vie que l'Eternel vous avait donnée, était bon – si l'on pouvait parler ainsi – pour des païens comme les Grecs et les Romains. Pas pour les enfants d'Israël, ceux qui avaient entendu et suivi le grand Moïse. Et Judas, quoi qu'il ait fait, respectait la Loi. Donc, il ne pouvait s'être suicidé. A moins qu'il ait perdu la tête. Ce qui était possible en ces heures folles.

Simon-Pierre interrompit la jeune femme qui bavardait maintenant avec Bartimée, lui racontait comment Jésus avait rabroué ses compagnons qui voulaient écarter de lui plusieurs enfants[1]. Il avait même dit que son royaume leur appartenait déjà. Ce que les autres n'avaient pas compris : ils ne voyaient pas des enfants commander des armées ou juger des brigands. Mais cela prouvait bien qu'il ne parlait pas d'un royaume comme il en existait en Galilée, en Judée, en Egypte ou ailleurs. C'était un royaume du cœur. Et le gamin la pressait de questions. Bien sûr, disait-il, c'était très

---

1. Mt 19, 13-15 ; Mc 10, 13-16.

beau un royaume du cœur ; mais en attendant, ici, avec les Romains et leurs amis Grands Prêtres, le petit roi Antipas et tous les autres, que fallait-il faire ? Les combattre ?

Elle parut agacée de l'intervention de Simon-Pierre. Peut-être aussi secrètement réjouie d'être ainsi dispensée d'une réponse difficile. Quand il lui fit part de ses doutes, elle lui rapporta, rapide, une autre rumeur. A laquelle, dit-elle, elle ne prêtait aucun crédit, ce qui expliquait qu'elle ne lui en ait pas parlé jusque-là.

Voici : Judas, n'éprouvant aucun remords, avait acquis un domaine avec l'argent donné par les Grands Prêtres. Mais, étant allé le visiter, il est tombé la tête la première et s'est ainsi tué. Sans le vouloir cette fois.

Simon-Pierre ne le crut pas davantage. Comment, en pleine préparation de la Pâque, le traître aurait-il pu chercher et trouver si rapidement un terrain – pour en faire quoi ? sa maison ? à Jérusalem ? – et ensuite, et surtout, accomplir toutes les formalités nécessaires à l'achat ? Impossible.

Ce qui était possible, en revanche, c'est qu'il en ait eu l'intention, et en ait fait part à l'un ou l'autre des maudits qui devaient être maintenant sa compagnie préférée. Voilà comment naissent et se répandent des rumeurs, chacun ajoutant un détail ou un épisode pour jouer l'intéressant, le sachant-tout.

Et soudain, l'éclair ! Une ruse. C'était une ruse de Judas. Comme l'histoire de la pendaison. Des bruits que le fourbe avait fait courir lui-même : si on le croyait mort, il pourrait échapper plus aisément aux compagnons qu'il avait trahis, aux autres disciples de Jésus restés là-bas, en Galilée, et qui rêveraient de le tuer quand ils apprendraient ce qui venait de se passer à Jérusalem. Car s'il avait trahi, il devait craindre la vengeance, il devait penser qu'ils étaient tous aussi mauvais que lui et peut-être déjà à sa recherche pour lui faire payer le prix du sang versé par Jésus.

Celui-ci, il fallait se le dire encore pour s'en pénétrer, prêchait le pardon plutôt que la vengeance.

Mais il était mort.

Le temps, les idées, les pensées, ses enseignements, la vie tout entière repartaient donc vers l'arrière. Etaient effacés. Avant le Nazaréen.

Simon-Pierre se refusait à l'accepter, bien qu'il fût tenté de tout oublier et de recommencer comme avant. Mais il se persuadait que Judas, au contraire, était homme à le croire, à oublier le message du Maître, à préférer la vengeance au pardon et à la craindre puisqu'il avait trahi, puisqu'on était revenu aux temps anciens.

En ces temps-là, c'est vrai, les prophètes prêchaient aussi le pardon. Mais pas toujours. Ils mettaient dans la bouche de l'Eternel des menaces de vengeance quand Israël ne suivait pas ses commandements. Ils célébraient des rois qui faisaient payer à leurs ennemis le prix de leurs forfaits, de leur infidélité.

Jésus proclamait une autre parole. Pas vraiment une autre Loi, non, mais une autre façon de la comprendre, de l'appliquer. Avec des règles nouvelles aussi. Pas toujours faciles, bien sûr.

Aimer ses ennemis, par exemple. Jésus était le seul à le demander. Aucun rabbi, aucun prêtre, aucun prophète, pour autant que Simon-Pierre le sache, n'avait jamais dit une telle chose, émis un tel commandement. Aimer ceux qui nous aiment n'est pas trop difficile. Mais aimer ceux qui vous détestent, qui vous assènent des mauvais coups – et sans les laisser agir, sans se laisser faire comme un mouton mené au sacrifice –, voilà qui n'était pas si simple, bien au contraire, voilà qui supposait d'avoir une âme, un esprit, un cœur bien forgés. Et une tête intelligente, en plus.

Simon-Pierre y avait parfois réfléchi, la nuit, quand ils trouvaient asile dans des bergeries où le remue-ménage des bêtes, les ronflements de quelques compagnons, les soucis aussi, le tenaient éveillé. Comment faire pour appliquer cet enseignement du Maître ? Et à présent, comment aimer Judas passé dans le camp d'en face, Judas responsable de la mort de Jésus. Dites-moi que c'est simple, j'en rirais bien si j'avais le cœur à rire, si je savais encore rire. Mais je ne pourrai plus. Jamais.

Puisque Jésus est mort.

Mort supplicié, torturé, insulté.

Insulté, lui, qui était la bonté vivante, qui les respectait tous. Même les Samaritains.

Comment Judas avait-il pu vouloir une telle ignominie ? A moins qu'il ne l'ait pas voulu, qu'il ait seulement livré Jésus sans imaginer que les Grands Prêtres et les Romains iraient jusque-là, jusqu'à ces horreurs dignes des sauvages du fin fond de l'Orient... C'était possible... Reste qu'il l'avait livré. Pourquoi ?

Pour l'argent des Grands Prêtres ? Simon-Pierre en doutait. Parce que si Judas avait été aussi ébloui par les sicles, s'il était aussi cupide, il n'aurait pas attendu, il n'aurait pas, pendant des mois et des mois, accepté, comme ses compagnons, de vivre à la dure, d'avoir froid et faim, d'être épuisé par les foules et les routes, comme eux.

Parfois, c'est vrai, ils étaient invités chez des importants ou des riches qui voulaient en savoir plus sur ce Galiléen qui parlait comme personne ne l'avait fait avant lui, ou encore ils étaient reçus dans des maisons amies. Ils faisaient alors de bons repas, arrosés comme il convenait. Et Jésus n'était pas le dernier à rire. Ce qui ne surprenait personne puisqu'il annonçait une bonne nouvelle, une autre vie, tellement meilleure, merveilleuse, dans ce qu'il appelait le Royaume. Qui l'aurait cru s'il en avait parlé en se lamentant, la mine sombre et les larmes aux yeux ?

Mais ce n'était pas toujours fête. Et Judas ne se plaignait pas. Il suivait le mouvement, il prenait sa part du travail, sans rechigner. Jésus, d'ailleurs, lui aurait-il longtemps confié leur petite bourse s'il l'avait soupçonné de se servir en douce, d'y puiser sesterces ou mines ? S'il l'avait fait, le Maître l'aurait bien vu, car elle n'était pas bien pansue, la bourse, elle ne débordait pas de sicles. Lévi aussi l'aurait deviné : ces collecteurs de taxes et d'impôts paraissent doués d'un flair aigu comme la pointe d'un poignard pour dénicher la tricherie, comme le fauve qui renifle de bien loin l'odeur du mouton.

Non, ce n'était pas pour s'enrichir que Judas avait trahi.

Alors ?

Simon-Pierre eut le sentiment, soudain, et une fois de plus, de détenir la réponse : c'était à cause de la Loi, à cause des libertés que Jésus prenait avec elle, des libertés qu'il conseillait à tous de prendre et qu'il proclamait à la face des Pharisiens et des scribes. Parce que Judas, sans oser le dire, sans le montrer, en était peut-être troublé, choqué. C'était un homme secret, difficile à deviner. La preuve : toutes les questions que l'on se posait sur sa trahison.

Il lui était quand même arrivé de laisser échapper un geste, une phrase, qui montraient son désaccord. Quand, lors du repas chez le pharisien Simon, une femme, une pécheresse à ce qu'on disait, était entrée dans la pièce pour verser un parfum de grand prix, du nard*, sur les pieds de Jésus, il avait grogné que l'argent utilisé pour cet achat aurait dû être donné aux pauvres. C'était donc un austère. Quelqu'un qui préférait le jeûne et les privations à la bonne vie toute simple. Un peu comme les Esséniens*, allez savoir. D'ailleurs, quand il était parti au cours du dernier repas, personne ne s'était beaucoup étonné : ces soirées-là lui semblaient peut-être trop joyeuses. Et ce qui l'avait décidé en fin de compte à trahir après leur arrivée à Jérusalem, Simon-Pierre, à présent, croyait le comprendre.

Il revoyait Jésus dans le Temple, l'autre jour, le fouet à la main, renversant les tables des changeurs, faisant s'envoler les colombes, libérant les agneaux et les chevreaux. L'explication était là : parce que Jésus, cette fois, y était allé un peu fort, très fort même. Il avait empêché que l'on procédât aux sacrifices : une révolution dans le Temple. Parce que le Temple était fait pour cela. Pour offrir des sacrifices à l'Eternel.

Simon-Pierre n'aimait pas les sacrifices. Il n'oublierait jamais la première fois où il avait accompagné son père dans le Temple. Cette année-là, la pêche avait été bonne. Et peut-être le père avait-il commis une grosse faute qu'il voulait se faire pardonner. Toujours est-il qu'il avait acheté un gros bélier, bien gras. Mais têtu comme un âne. Cet animal ne voulait pas avancer, comme s'il avait compris qu'on le menait à la mort.

Ils avaient donc dû s'y mettre à deux, le père et lui, Simon-Pierre, qui jusque-là n'y avait jamais participé, pour tirer la bête jusqu'à l'abattoir. Et le père avait dû se faire aider pour l'égorger, après lui avoir imposé les mains, tandis qu'un prêtre recueillait le sang dans un vase pour aller le répandre sur les flancs de l'autel. D'autres prêtres faisaient de même aux tables voisines, et le sang débordait, éclaboussait leurs blanches robes, se répandait sur le sol où ils allaient pieds nus. A côté, des assistants, des lévites, dépeçaient les animaux : toute la graisse, les rognons, le cœur et la queue pour l'Eternel, le gigot droit pour le prêtre qui offrait le sacrifice, la poitrine pour les autres prêtres, et le reste pour la famille. Laquelle les attendait sur une vaste surface aménagée pour la cuisson de ces morceaux, parmi une petite foule de femmes et d'enfants qui se disputaient marmites et chaudrons, pots et fourchettes à longs manches mis à la disposition des pèlerins.

Depuis l'enfance, Simon-Pierre avait connu des épreuves, assisté à des agonies et des accidents. Mais la vue de tout ce sang avait failli le faire vomir. Les cris des animaux, les chocs des haches qui découpaient leurs corps encore chauds, l'odeur des chairs fumantes, ce spectacle de mort l'avait écœuré.

Simon-Pierre n'aimait donc pas les sacrifices. Mais la Loi les avait prescrits. Ils représentaient, pour tout bon Juif, l'acte le plus fort du culte rendu à l'Eternel. Il ne pouvait imaginer qu'on les supprime. Il ne pouvait imaginer que Jésus, le Messie, les ait condamnés en chassant les vendeurs et les changeurs du Temple. Ce que le Maître avait dénoncé à coups de fouet, c'était leurs trafics. Seulement leurs trafics, les prix élevés qu'ils demandaient, les deniers qu'ils prenaient aux pauvres gens. Pas le sacrifice. Mais Judas, pensait Simon-Pierre, avait compris le contraire. Il s'était persuadé que le changement voulu par Jésus allait jusque-là : la fin du sacrifice. Donc la fin du Temple. Impossible d'imaginer le Temple sans sacrifice.

C'était peut-être cela qu'avait compris Judas et qui l'avait décidé. Cet homme secret n'était peut-être pas très malin. A moins que...

Il voulut interroger encore Marie-Madeleine. Ne la vit pas d'abord. La trouva enfin, à l'écart, le dos courbé, face au mur. Elle pleurait.

C'était une histoire de femme. Une de ces histoires dont les autres n'avaient même plus parlé, ensuite, ni sur la route, ni le soir, même sous la tente, après le partage du repas quand ils se répétaient les paroles de Jésus et les guérisons qu'il avait réussies, les jours précédents, des signes de puissance qui les avait stupéfiés, réconfortés. Et montré qu'ils avaient eu raison de tout risquer pour le suivre.

C'était une de ces histoires de femmes que les hommes n'aiment pas, qu'ils souhaitent ignorer, qu'ils s'empressent de chasser de leur mémoire.

Marie-Madeleine s'était sentie proche de celle-là, cette épuisée au visage creusé et terrifié. Elle avait partagé son malheur, aurait souhaité partager son bonheur, ensuite, quand Jésus l'avait délivrée. Mais voilà, il fallait repartir, le temps était compté, comme souvent, comme chaque jour, au prophète de Nazareth, et davantage encore cette fois, puisqu'une autre urgence l'attendait, parce qu'il avait entendu un autre appel. Celui d'un certain Jaïre, un chef de synagogue, qui avait traversé la foule assemblée au bord du lac et qui n'en pouvait plus, cassé d'inquiétude et de chagrin. Sa fille venait d'atteindre la frontière de la mort. Il avait supplié Jésus : « Viens lui imposer les mains, pour qu'elle soit sauvée et qu'elle vive[1]. » Et Jésus qui parfois

1. Mc 3, 23.

hésitait à manifester son pouvoir et sa grandeur par des prodiges, Jésus s'était aussitôt laissé attendrir, n'avait pas balancé. Il avait mis ses pas dans les pas du père éploré.

Mais il y avait l'autre. La femme que personne n'avait vue, la femme que personne ne voulait voir ou dont chacun s'écartait. Aux yeux de tous, en effet, elle était impure. Comme une lépreuse. Elle n'était pourtant pas trouée, défigurée, torturée par la lèpre. Elle perdait son sang. Une maladie de femme qui provoque faiblesse et surtout honte.

Marie-Madeleine pouvait s'imaginer ce que cela représentait de souffrance. Les autres femmes aussi le pouvaient : quand elles avaient leurs règles, perdaient le sang, elles devenaient *niddah*, elles étaient jugées impures[2]. Alors, elles incarnaient une sorte de mal, toutes. Elles représentaient un danger pour ceux qu'elles approchaient et ce qu'elles touchaient, les hommes et leurs enfants, les fruits et les galettes, les sièges et les nattes. Impures, elles répandaient l'impureté.

Marie-Madeleine avait subi comme les autres cet exil de chaque mois. Une mise à l'écart qui se prolongeait : quand le sang ne coulait plus, il fallait attendre sept jours pour avoir le droit de se plonger dans le rituel bain purificateur et retrouver enfin toute sa place.

Cette femme-là, la malade, ne pouvait même pas l'espérer, même pas s'impatienter de la longueur du délai, puisqu'elle perdait son sang, peu de sang mais presque chaque jour quand même, et depuis des années, puisqu'elle voyait s'écarter d'elle ses voisins et sa parenté, puisqu'elle devait crier aux autres de ne pas la toucher, hurler aux enfants, qui n'y comprenaient rien, de ne pas l'approcher.

Cette femme-là aurait tant souhaité ressembler aux autres, partager leurs joies et même leurs peines, leurs vies. Elle avait suivi tous les faiseurs de miracles, tous les magiciens qui couraient les routes et bonimentaient dans les villages, espérant puis désespérant, dépensant jusqu'au der-

2. Lv 18, 19.

nier denier pour guérir. Le cœur en deuil. La tête farcie de l'idée que sa vie s'effilochait pour rien.

Cette femme-là, Marie-Madeleine ne connaissait pas son nom, ne savait ni d'où elle venait, ni où elle se terrait comme une lépreuse, ni comment elle avait su qu'un Nazaréen existait qui ne parlait pas vraiment comme les autres rabbis, qui ne s'enfermait pas et n'enfermait pas le peuple dans les règles de la pureté rituelle, les appelait au contraire à la liberté. Et à l'amour.

Comment cette malheureuse était-elle parvenue jusqu'à lui qui, déjà, comme à son ordinaire, pressé d'aller soulager la fille de ce Jaïre, marchait à grandes enjambées, ses longs cheveux flottant au vent, Marie-Madeleine se l'était demandé. Stupéfaite. Elle avait seulement vu la femme, bousculée par la foule, pleurant que l'on s'écarte, penchée, tendue derrière Jésus, arquée par la volonté folle de toucher, même pas lui, seulement le moindre bout de son manteau qui serait un petit bout de lui, et ce serait tout, et cela suffirait.

Cette folle volonté, cette confiance, cette espérance sans limites avaient suffi. La femme s'était trouvée guérie, redressée, droite. Jésus l'avait deviné. Il s'était retourné, avait cherché celle qui venait d'affleurer ce bout de manteau, qui tremblait encore de joie et vint se jeter à ses pieds pour raconter toute son histoire. A quoi il répondit que c'était sa confiance qui l'avait sauvée, la confiance de cette femme, son espérance. Et non pas lui, Jésus.

Ce Jésus-là, qui donnait aux autres son espérance, qui leur transmettait sa force, Marie-Madeleine l'avait aimé. De toute son âme.

Mais ce Jésus-là était mort. Elle avait faim d'espérance. Et il ne pouvait plus la rassasier. Voilà pourquoi, de nouveau, elle pleurait.

Elle doutait.

Elle n'avait, de lui, rien attendu. Elle avait, de lui, tout reçu. Comme la femme dont le sang avait cessé de fuir et qui, depuis, existait enfin vraiment. Il leur avait donné la vie à elles, à Suzanne, aux autres, à tous les autres, même à ceux et à celles qui ne l'avaient pas compris, même à ceux et à celles qui ne l'avaient pas reconnu. Mais il avait encore tant à donner. Et il était mort.

Elle fut saisie du sentiment de se noyer, de disparaître dans un monde vide, un néant sans lumière et sans nuit, sans silence et sans bruit, sans commencement.

Elle crut cesser d'être. Puis revit Jésus, le même jour, au chevet de la fille de ce Jaïre, Jésus qui disait : « Pourquoi ce tumulte et ces pleurs ? Elle n'est pas morte, elle dort[3]. »

Pour l'Éternel, pensa Marie-Madeleine, il n'existe pas de mort.

Jésus aurait ajouté : il n'y a que l'amour. D'ailleurs, il l'avait dit, elle avait gardé ses mots en son cœur : « Celui qui écoute ma parole et croit à Celui qui m'a envoyé, a la vie éternelle et ne vient pas en jugement, mais il est passé de la mort à la vie[4]. »

3. Mc 5, 39.
4. Jn 5, 24.

Simon-Pierre n'avait pas supporté les pleurs de Marie-Madeleine. Voilà qu'elle se révélait fragile, s'abaissait, elle qu'il avait cru si forte, si grande, l'heure d'avant, quand elle contait la mise du corps au tombeau et disait son désir, sa volonté plutôt, d'y retourner le sabbat passé pour rendre au Maître les derniers devoirs. Cette faiblesse soudain dévoilée, il l'avait ressentie comme une menace obscure, un mal qui pourrait l'atteindre à son tour, alors qu'il avait besoin de forcer son courage pour partir à la recherche de Judas. Car c'était ce qu'il venait de décider, à l'instant : sortir, échapper à cette grande chambre enchagrinée et à ce petit groupe de désespérés.

Chercher à retrouver Judas lui fournissait une raison et servirait, aux yeux des autres, de prétexte. S'ils surmontaient la torpeur dans laquelle ils semblaient tous retombés. Même le gamin.

Il s'était détourné, rapide. Silencieux comme il avait appris à l'être, enfant, quand il quittait la maison endormie au tout petit matin pour gagner seul le bord du lac et tenter d'attraper à la main quelque petit poisson audacieux ou perdu qu'il rejetait bien vite à l'eau, car ce n'était pour lui qu'un jeu.

Il s'était arrêté au bord des marches, leur avait lancé un dernier regard. Marie-Madeleine tournait encore le dos, visage face au mur. Les autres ne bougeaient pas.

Il avait hésité. Les quitter ainsi, sans prévenir qui-

conque... Ils se croiraient abandonnés, le jugeraient lâche
ou au contraire s'inquiéteraient de son sort. Mais le désir
d'agir avait été plus fort. Tant pis. Il laisserait le message à
l'homme de la cour, celui qui avait raconté au jeune
Bartimée des histoires mensongères sur sa lâcheté, leur
lâcheté à tous, les compagnons de Jésus, alors qu'ils
n'avaient fait que lui obéir, parce qu'ils avaient toujours eu
foi en lui. Pour tout.

Il commença de descendre. Entendit des voix. S'arrêta
pour écouter mieux. En alerte. Remonter. S'il s'agissait
d'adversaires, ce serait inutile : ils étaient comme prisonniers dans la Chambre Haute. Sauf, peut-être, à trouver le
moyen de fuir par une terrasse... Fuir encore ? Non.

Il mit le pied sur la marche suivante, hésita, en franchit
encore deux. S'arrêta. Il avait cru reconnaître une voix, tendit l'oreille. André ! C'était son frère, enfin retrouvé ! Mais
s'il se trompait... D'autres voix se mêlaient. L'homme de la
cour, le gardien sans doute. Mais aussi, un troisième, qui
avait de curieux accents. Ils ne semblaient pas, pourtant, se
heurter, se quereller. Encore moins lutter. Il descendit
encore, fut dans la lumière. Qui l'éblouit.

André lui tomba dans les bras. Il s'écarta vite, regarda les
autres. Le rouquin au gros ventre que Bartimée lui avait
décrit. Et aussi – il sursauta – un légionnaire romain, épée
nue sur le flanc, casque et cotte de mailles flamboyant au
soleil. Un occupant, un ennemi. Presque souriant pourtant.
Qui avait fait un pas en arrière, comme pour montrer qu'il
n'était animé d'aucune méchante intention. Le gardien
l'observait, méfiant semblait-il, prêt à barrer le passage vers
l'escalier.

Alors, André s'expliqua. Reprit plutôt l'histoire qu'il avait
commencé de raconter au rouquin ventru. Ils n'avaient, dit-
il, rien à craindre de ce soldat – qui n'était pas un vrai
Romain. Ils devaient bien le savoir, tous : les Romains
recrutaient pour leurs légions des hommes de tous les pays
occupés ; celui-ci était un Grec, un craignant-Dieu* qui
s'était intéressé à la Loi de Moïse depuis des années qu'il
traînait ses guêtres dans la région. Et s'il était là, lui, André,

s'il avait pu venir jusque-là, c'était grâce à ce Grec enrôlé dans les troupes du préfet Pilate. Parce que, après la mise en croix, le drame, il avait perdu de vue Jean, le fils de Zébédée, et deux autres disciples dont il ne savait même pas les noms mais qui avaient suivi, avec eux, le triste cortège qui amenait Jésus au dernier supplice.

André avait donc erré, seul, dans les ruelles de Jérusalem, cherchant la Chambre Haute, et s'était trouvé pris dans une petite bataille : des pèlerins à l'accent galiléen et d'autres qui devaient être plutôt des habitants de Jérusalem. Il n'avait même pas eu le temps de chercher à comprendre l'objet de leur dispute car les Romains étaient arrivés, rapides comme des béliers affamés et violents : matraques en avant, matraques sur les crânes, matraques en plein visage. Ils s'étaient alors retrouvés, quelques-uns, parqués dans une sorte de trou noir gardé par deux légionnaires. Ils craignaient le pire. Mais, au petit matin, d'autres Romains avaient relevé leurs gardiens. Et, parmi les nouveaux venus, ce Grec avec qui il avait échangé quelques mots, les quelques mots qu'il avait ramassés ici ou là au fil des années, bien obligé comme eux tous puisque le grec était la langue préférée des gens riches et des commerçants. Voilà. Il avait compris que le soldat était un craignant-Dieu qui savait, lui, un peu d'araméen et même d'hébreu. Et l'autre l'avait sorti du trou, nourri, caché chez un tanneur près de la tour Antonia où sa légion cantonnait, accompagné enfin pour le protéger lorsqu'il avait décidé de regagner la Chambre Haute, la salle du dernier repas.

Simon-Pierre l'avait écouté, abasourdi. Retenant parfois le gardien qui brûlait d'intervenir. Soulagé et heureux de retrouver enfin son frère. Méfiant pourtant. S'interrogeant sur les intentions de ce Romain, peut-être Grec, mais surtout légionnaire romain, cela comptait d'abord. Il ne fallait pas que celui-là entre dans la pièce, là-haut, qu'il trouve les autres. André s'était peut-être montré trop confiant. Le père le disait toujours : il ne fallait jamais lui remettre quelques poissons à vendre, il se faisait toujours avoir sur le prix. Et puis, les craignant-Dieu, Simon-Pierre s'en méfiait.

Il n'avait jamais cru en la sincérité de ces gens-là, des incirconcis* qui jouaient sans doute la comédie, par intérêt.
Surtout les légionnaires romains qui étaient peut-être des
espions. Il fit part de ses soupçons à son frère, en araméen
que l'autre ne pouvait sûrement pas comprendre, surtout
avec l'accent de Galilée. Quoique...

Alors, André lui rappela l'histoire du centurion* dont le
serviteur était malade. Il ne pouvait l'avoir oubliée puisque
cela s'était passé près de chez eux, à Capharnaüm, peu de
temps après qu'ils eurent décidé de suivre Jésus. Un esclave
appartenant à cet officier était malade, et le Romain tenait à
cet homme, allez savoir pourquoi. Avec ces gens-là, venus
de l'autre côté de la mer, il ne fallait s'étonner de rien.
Donc, l'officier avait convoqué quelques petits chefs de la
ville pour les envoyer à la rencontre de Jésus, lui demander
de guérir le malade. Ils étaient d'accord, ces petits chefs : ce
centurion ne traitait pas mal les habitants, il leur avait
même construit une synagogue ! Du jamais vu. Jésus, donc,
s'était laissé facilement convaincre, lui qui n'aimait pas tellement les miracles. Mais qui, c'est vrai, débordait de compassion.

Une difficulté existait pourtant : un Juif ne pouvait entrer
dans la maison impure d'un incirconcis. Cela dit, avec Jésus,
les règles comme celles-là n'étaient pas toujours des bar-
rières infranchissables. Mais le Romain ne devait pas le
savoir. Il était donc allé à sa rencontre pour lui éviter de se
déranger davantage ou de se compromettre aux yeux des
Pharisiens. Voilà un Romain qui, pour une fois, ne se montrait pas arrogant. Au point de dire à Jésus qu'il n'était
qu'un officier subalterne. Comme si tout le monde ne savait
pas qu'un centurion n'était qu'un centurion. Mais ce n'était
pas cela qui comptait. C'était la suite. Il demandait au
Maître de dire seulement une parole et le serviteur serait
guéri. Comme si Jésus commandait à la maladie de la même
manière qu'un officier commande à ses soldats.

André mimait la scène. Le centurion : « J'ai sous moi des
soldats, et je dis à l'un : Va ! et il va, et à un autre : Viens !
et il vient, et à mon serviteur : Fais ceci ! et il le fait. »

Alors, Jésus : « Chez personne je n'ai trouvé une telle foi en Israël. » Il avait même ajouté que beaucoup viendraient du levant et du couchant pour participer au festin avec les patriarches Abraham, Isaac et Jacob, le grand festin de son Royaume[1]. Le Royaume qu'il annonçait, qu'ils avaient tous espéré et qui, malheur de malheur, n'était pas arrivé.

Il n'empêche : Jésus était prêt à accueillir même les incirconcis, les païens. Et que Simon-Pierre se souvienne, le Maître avait dit une autre parole à ce Romain-là. Il avait dit : « Va, qu'il t'advienne selon ta foi. » Lui, André, en avait parlé, ce soir-là, avec son ami Philippe. Cette phrase l'avait frappé, bien sûr. Et Philippe, un homme qui réfléchissait beaucoup, comme Simon-Pierre devait le savoir, conclut ceci : le serviteur de cet officier – « officier subalterne », ils se l'étaient répété en riant, Philippe et André, c'était encore un temps où l'on pouvait rire, alors qu'aujourd'hui... –, le serviteur de cet officier, donc, avait été guéri parce que son patron avait fait confiance à Jésus ; il n'avait pas eu besoin d'aller offrir des sacrifices au Temple, ni de chercher un magicien, il suffisait de croire en la puissance de Jésus, même si l'on était incirconcis. La puissance du Maître n'était pas réservée à Israël, sa Parole non plus. Voilà ce qu'avait conclu Philippe ce jour-là, et s'il était là, avec eux – mais où était-il passé ? mais où étaient passés les autres ? –, il pourrait le confirmer.

Le légionnaire, qui avait laissé parler André, avec un peu d'impatience semblait-il, l'interrompit à ce moment. Usant de quelques mots et de grands gestes, il fit comprendre qu'il devait partir. André opina, faillit l'embrasser, regarda Pierre et le gardien, n'osa pas. Ils inclinèrent tous la tête. Le soldat fit demi-tour. Le gardien, méfiant, le suivit jusqu'à la porte de la cour.

Simon-Pierre réfléchissait. Le raisonnement de son frère ne l'avait pas convaincu. Si Jésus avait sauvé l'esclave du Romain, c'était par pitié, voilà tout. Il aurait sans doute

---

1. Mt 8, 5-13 ; Lc 7, 1-10.

guéri un malheureux chien s'il s'en était trouvé un sur sa route. Cette histoire, une bien belle histoire, ne signifiait pas que le Messie allait sauver tous les peuples de toutes les terres. Il l'avait dit lui-même, un jour, du côté de Tyr*, quand une païenne lui avait demandé de guérir sa petite fille dont l'esprit était dérangé. Pour lui, Jésus, les enfants d'Israël avaient la priorité. Il avait même pris une de ces comparaisons qu'il aimait tant, disant qu'il ne fallait pas donner le pain des enfants aux petits chiens. Mais cette bonne femme était maligne, elle lui avait répondu que les petits chiens, sous la table, pouvaient quand même manger les miettes laissées par les petits enfants. Alors, Jésus avait cédé[2]. Heureux peut-être.

Il n'empêche. Il avait quand même bien distingué les Juifs, ceux qu'il appelait les brebis de la maison d'Israël, des autres qui n'étaient que des petits chiens.

Et une autre fois il avait ordonné de ne pas donner aux chiens les viandes sacrées[3]. Donc, il ne fallait pas s'y tromper et André avait tort, tout à fait tort : même s'il avait fait quelques exceptions, Jésus ne s'intéressait qu'aux Juifs, le peuple élu. Dont les chefs, par malheur, n'avaient rien compris, orgueilleux qu'ils étaient et toujours sûrs de détenir la vérité.

Ou bien alors, Israël n'était plus le seul peuple choisi par Dieu. Simon-Pierre se souvenait du jour où Jésus avait rendu la vue à un aveugle-né, ce que peu de gens voulaient croire, et surtout pas les Pharisiens. Tous ceux qui étaient dans la région s'étaient mis à discuter ; ils aimaient ça, discuter, même pour des questions sans importance, mais cette fois c'en était une. Et Jésus avait dit cette chose étrange, qu'il avait encore d'autres brebis – comme si les hommes étaient des brebis, mais c'était toujours son même amour des comparaisons –, des brebis, disait-il, qui n'étaient pas de cet enclos. L'enclos, c'était Israël, Simon-Pierre et les autres l'avaient bien compris. Et ces brebis d'ailleurs, Jésus

---

2. Mc 7, 24-30 ; Mt 15, 21-28.
3. Mt 7, 6.

semblait être sûr qu'elles le suivraient, pour former avec Israël « un seul troupeau[4] ». Simon-Pierre se souvenait de ces mots : « un seul troupeau ». Il aurait bien voulu en entendre davantage, pour comprendre, mais Jésus avait aussitôt parlé d'autre chose, d'une autre affaire importante qui concernait sa mission. Ceux qui l'écoutaient s'étaient mis à déblatérer, à dire qu'il délirait. Et voilà. Simon-Pierre, qui était plutôt choqué par cette histoire concernant d'autres brebis, avait perdu l'occasion d'en savoir plus.

---

4. Jn 10, 16.

Il s'était laissé glisser sur les dalles de la cour. Encore ébloui par la clarté du jour, les yeux comme libérés des ténèbres de la nuit et des ombres de la grande Chambre. Ouverts sur la lumière laiteuse du ciel. Ah, vivre ! Oublier ? Quitter ce trou et cette ville qui puait la haine et la mort. Prier Adonaï pour qu'Il pardonne à Israël, Le louer d'avoir donné Jésus aux Juifs, même si... Lui demander de leur faire comprendre tout ce qu'il avait annoncé. Retrouver, si c'était possible, la douceur du foyer, la vie calme et tranquille, les petits matins silencieux où l'on pousse le bateau vers l'eau teintée de rose par le soleil revenu...

Le gardien le tira de ses rêves, l'arracha à cette espérance. Voilà. Cela suffisait. Il fallait remonter. C'étaient les instructions qu'il avait reçues, lui. Pour leur bien, tous ces Galiléens devaient rester là-haut, au moins jusqu'à la fin du sabbat. Il était payé pour obéir aux ordres. Il voudrait bien, parfois, envoyer tout promener. Mais ça n'était pas possible : il avait toute une nichée à nourrir, sans compter sa mère au dos plié et la veuve de son frère dont les enfants étaient encore petits. Déjà qu'ils avaient pris des risques en faisant entrer ce Romain. Mais, bon, c'était un soldat romain, il n'était pas possible de lui interdire de pénétrer où il voulait. La bêtise avait été de l'emmener là. Parce que s'il parlait. Ou s'il avait été suivi. Le pire était à craindre. En attendant, ils n'avaient qu'une chose à faire : remonter.

Simon-Pierre se rebiffa. Voulut expliquer au gros roux

qu'ils avaient, André et lui, et ceux d'en haut aussi, et même la femme, couru bien d'autres risques, échappé à d'autres dangers quand ils arpentaient les routes avec le Maître ou le protégeaient en douce des policiers du Temple, les jours d'avant. En fin de compte, hélas, ceux-ci l'avaient pris, mais seulement parce qu'il l'avait bien voulu, lui. Parce que ce n'était pas un homme de bataille. Parce qu'il détestait la violence qui entraîne une autre violence, et ainsi de suite. Ou parce qu'il ne voulait pas mettre en danger ses amis. Ou pour une autre raison qu'ils finiraient bien par trouver. Mais c'était sûrement la première, l'affaire de la violence, qui était la bonne. Est-ce que lui, tout gardien qu'il était, pouvait comprendre cela ? Non. Pas pour le moment ? Alors, qu'il les laisse en paix.

Le gros avait reculé, comme noyé sous ce flot de paroles. Il haussa les épaules, grommelant, repartit vers la porte, agitant bien haut les bras, comme s'il les abandonnait à leur sort.

André saisit la main de Simon-Pierre, esquissa un vague sourire, heureux d'avoir, dans ce malheur, retrouvé son frère tel qu'il avait toujours été, vif, impétueux, avec cette manière de toujours se mettre en avant, même quand Jésus les interrogeait tous ensemble. Le premier à affirmer que le Maître était le Messie en personne[1] et même à ajouter : « Le fils du Dieu vivant[2]. » Ce que Jésus lui-même n'avait pas dit vraiment, auparavant.

Sans compter ce qui s'était passé au début du repas, l'autre soir, ce geste étonnant, stupéfiant, de Jésus qui s'était mis presque nu avant de verser de l'eau dans un bassin pour leur laver les pieds. Dans une tenue d'esclave pour un travail d'esclave. Et leurs pieds : dégoûtants, puants, après qu'ils avaient galopé toute la journée dans les rues et piétiné dans le Temple ! Ils étaient stupéfaits, tous. Muets de saisissement. Lui, le Maître, leur laver les pieds ? Le monde à l'envers. Seul Simon-Pierre, une fois de plus, avait

---

1. Mc, 8, 27-29 ; Jn 6, 67-69.
2. Mt 16, 13-16.

renâclé. Jamais de la vie : pas question pour lui, pour eux, d'accepter qu'il s'abaisse ainsi. Il l'avait appelé Seigneur, comme s'il voulait lui rappeler qu'il devait tenir son rang, rester au-dessus. Et il insistait : jamais il n'accepterait. Mais Jésus avait riposté avec autant de force. Il lui avait fait comprendre que, s'il s'obstinait, alors il aurait changé de camp – oui, changé de camp ! – et ne compterait donc plus parmi les siens. Renvoyé, rejeté. Parler ainsi, ce n'était pas le genre de Jésus. Cela signifiait donc qu'il jugeait ce geste très important. Si bien que Simon-Pierre avait fini par accepter. Comme souvent, il avait même fait monter les enchères, se disant prêt à se faire laver aussi la tête et les mains[3].

Ce soir-là aussi, ils avaient entamé une discussion pour savoir lequel d'entre eux était le plus grand, le plus important. Comme si, têtes dures, ils n'avaient rien compris à ce qu'il répétait depuis des mois. Et ils s'étaient fait remettre en place de belle manière. Il leur avait expliqué qu'ils ne devaient pas jouer les importants, imiter « les rois des nations* ». Ils n'avaient qu'à le regarder, lui : « Moi, je suis au milieu de vous comme celui qui sert[4]. »

Du coup, ils s'étaient sentis tous importants. Quelques-uns avaient dû s'imaginer vivant dans des palais, si Jésus prenait le pouvoir. Mais Simon-Pierre s'était dit que ce geste avait un autre sens : chaque homme, fût-il vaurien, mendiant, larron, était également important aux yeux de Jésus qui pourtant l'était bien plus, lui, les dominait tous. Donc, il les dominait en se mettant à leur service. Il mettait sa puissance au service de tous les hommes. Le Maître se faisait esclave...

C'était une drôle d'histoire en fin de compte. André en avait discuté le soir même, pendant le repas, avec Philippe. Celui-ci pensait que Jésus avait voulu leur faire la morale, leur donner l'idée que plus on se fait le serviteur des autres, plus on est grand aux yeux de l'Eternel. C'était vrai, bien

---

3. Jn 13, 1-10.
4. Lc 22, 24-27.

sûr, et il faudrait s'en souvenir. Mais, avait objecté André, ce n'était pas le genre de Jésus de faire la morale, de leur dire : vous voyez ce que j'ai fait, eh bien, faites comme moi. Il vivait naturellement. Il ne se pavanait pas. Ne se montrait pas fier de ses qualités. Il passait les jours et les jours parmi eux normalement, sans penser sans cesse à donner l'exemple. Il était comme cela, c'est tout. Et eux, qui l'accompagnaient, n'avaient qu'à en tirer les leçons. Essayer d'en faire autant.

Philippe, alors, avait posé une autre question. S'il était le Messie, le fils du Dieu vivant comme disait Simon-Pierre, donc peut-être plus que le Messie, comment avait-il pu s'abaisser comme un esclave devant des hommes de leur genre ? S'il était le représentant de l'Eternel, alors il fallait s'imaginer l'Eternel autrement, pas vraiment comme le disaient les Ecritures.

D'y penser, la tête leur avait tourné. Pourtant, c'était avant qu'il soit torturé et crucifié. Ils n'avaient pas vu le plus stupéfiant encore. Le fils du Dieu vivant, mort sur la croix comme un bandit... Allez dire cela aux Grecs, aux Romains et aux Egyptiens, ils vous riraient au nez, vous traiteraient de fou. Et les autres, ceux des pays d'où venait chaque matin le soleil, qui avaient un dieu-vent et un dieu-terre et beaucoup d'autres dieux de toutes sortes d'après ce que racontaient les hommes des caravanes qui allaient faire du commerce du côté de Tyr, ils ne pouvaient pas imaginer non plus qu'un fils de leur dieu tombe entre les mains des hommes, se laisse flageller et insulter par eux. Alors, de deux choses l'une : ou bien Jésus n'était pas le fils du Dieu vivant, ou bien alors il fallait imaginer Dieu autrement. Pas tout à fait différent des hommes. Mais alors...

C'est pourquoi, Philippe, qui voulait en avoir le cœur net, avait demandé à Jésus, le même soir : « Montre-nous le Père et cela nous suffit. » Et s'était vu répondre : « Qui m'a vu a vu le Père[5]. » Là-dessus, le Maître avait entamé un long

---

5. Jn 14, 8-9.

discours qu'ils n'avaient pas osé interrompre, tant il parlait avec force et gravité, multipliant des allusions à son départ qu'ils n'avaient pas très bien comprises alors. Comment auraient-ils pu deviner qu'il parlait de sa mort ? Ils savaient, bien sûr, qu'il risquait sa vie chaque jour et chaque nuit, que les autres voulaient le tuer, mais ils étaient persuadés qu'il leur échapperait une fois encore, qu'il les vaincrait.

Non, ce qui l'avait frappé, lui, André, c'était la réponse à Philippe, ce « Qui m'a vu a vu le Père ». Difficile de croire que l'Eternel ressemblait à Jésus. Bien sûr, si on voulait penser ainsi – mais c'était absurde – on pouvait dire qu'il était beau, Jésus, aussi beau et même plus que les statues des dieux grecs, qu'il avait de l'allure, qu'il en imposait, qu'il rayonnait, tout ce que l'on voudra et même plus. Mais d'un autre côté, eux qui l'avaient accompagné depuis des jours et des jours pouvaient en dire long sur l'état de fatigue où ils le voyaient parfois. Ou bien, André ne l'oublierait jamais, cette fin de journée où il marchait en boitant, les lèvres serrées, ne voulant pas s'arrêter parce qu'on l'attendait au village suivant ; et plus tard, quand il avait ôté sa sandale, il avait dû enlever une longue épine qui lui était entrée dans le pied, on ne savait comment, et avait tout infecté. Ils l'avaient vu souffrir plutôt deux fois qu'une, rire aussi bien sûr, ce qui pouvait se comprendre. Mais souffrir...

Et encore, à ce moment, quand il avait dit qu'en le voyant on voyait le Père, ils ne pouvaient imaginer la suite, la croix. André, pourtant, était sidéré : il était ainsi fait, Adonaï, l'Eternel ? Difficile à croire. Impossible même. Voilà la question qu'il aurait voulu poser. Mais après que Jésus leur eut parlé ainsi, tout était allé très vite, bien trop vite. Plus question de l'interroger. Du coup, il ne savait plus que penser. C'est à peine s'il voulait encore penser, chercher à comprendre. Il ne pouvait plus que s'attrister, se lamenter, vivre avec une montagne de regrets. Immense.

Simon-Pierre fit remarquer à son frère qu'il avait oublié une phrase de ce long discours. Jésus avait dit aussi : « Je m'en vais et je reviendrai vers vous[6]. » Donc, à ce moment-là, il ne pensait pas mourir, il ne croyait pas que les autres parviendraient à le prendre et le tuer. S'était-il donc trompé ? Pouvait-il se tromper ? Il ne savait pas l'avenir, ou pas tout l'avenir. La preuve : quand la femme qui perdait son sang avait touché par-derrière la frange de son manteau, il avait été surpris et avait demandé : « Qui m'a touché ? » Et il ne faisait pas semblant, il n'était pas comme ces comédiens qui débitent des inventions dans les théâtres des Grecs. Alors ? Il était comme eux, il n'avait pas les yeux dans le dos. Pas comme un dieu qui voit tout, connaît le présent, le passé, le futur, ce qui est devant et ce qui est derrière.

Ils tentèrent, ensemble, de retrouver tout ce qu'avait dit Jésus ce dernier soir, alors qu'ils l'entouraient dans la Chambre Haute justement, comprenant que c'était un moment différent, exceptionnel, alors qu'ils avaient le sentiment que chaque mot, chaque phrase, chaque parole étaient importants et plus qu'importants, et qu'ils se posaient des questions tout en veillant à ne pas perdre le fil de son discours.

Une chose était certaine : il leur annonçait qu'ils seraient tristes, mais que cette tristesse se changerait en joie. Et qu'il partait vers le Père[7]. Cela, il ne cessait de le répéter. Mais ils ne comprenaient pas vraiment ce qu'il voulait dire.

André pensait que partir vers le Père, c'était faire comme Moïse. Trois mois avant la sortie d'Egypte de leurs aïeux – on le leur avait assez répété à la synagogue, quand ils étaient gamins tous les deux –, le libérateur d'Israël, le plus grand des prophètes avant l'arrivée de Jésus, avait quitté son peuple pour gravir la montage dans le désert du Sinaï afin de rencontrer Yahvé, de l'écouter, de recevoir ses commandements et conclure avec lui l'Alliance*, la grande Alliance[8]. Seulement voilà : Moïse n'avait pas été tué, lui, ni

---

6. Jn 14, 28.
7. Jn 16, 17-20.
8. Ex 19-24.

été traité comme un brigand. Il avait même vécu très longtemps, honoré par les siens. Alors, Jésus était-il moins
grand que Moïse ?

Simon-Pierre s'insurgea. Mais non. On ne pouvait parler
ainsi. Jésus lui-même avait dit que Jérusalem tuait les prophètes. André devrait quand même s'en souvenir, c'était le
jour où des Pharisiens – quelques-uns seulement, des plutôt calmes, des modérés – étaient venus lui dire de se
méfier parce que Hérode Antipas voulait le tuer, le jour
où ils s'étaient tous esclaffés, ragaillardis, parce que le
Maître avait traité leur roi de renard[9]. Déjà, à ce moment,
il annonçait en somme le malheur qui allait le frapper, il
avait tout prévu. A eux de comprendre, maintenant.
D'attendre.

André l'interrompit. Mais non, Jésus ne se considérait
pas seulement comme un prophète. Une autre histoire qu'il
avait contée lui revenait maintenant en mémoire. Ce n'était
pas si vieux d'ailleurs, c'était l'autre jour, dans le Temple.
Ils faisaient le guet, tous les deux, Judas et Philippe aussi,
pour protéger le Maître, car il y avait là, au milieu de la
foule, des hommes des Grands Prêtres qui ne perdaient pas
un mot de ce qu'il disait.

Jésus racontait l'histoire d'un important propriétaire qui,
partant en voyage, avait loué ses terres à des vignerons.
Ensuite, il envoyait ses serviteurs pour percevoir les loyers,
comme c'était normal. Mais les vignerons tuaient les serviteurs. Alors, le propriétaire avait décidé d'envoyer son fils
en personne. Un autre lui-même en quelque sorte. Il pensait que ces maudits respecteraient au moins son fils. Bien
au contraire, ils l'avaient tué, se disant que, s'ils se débarras-
saient de l'héritier, l'héritage serait pour eux[10].

En entendant cette histoire, lui, André, avait pensé que
les serviteurs du propriétaire étaient les prophètes des
temps anciens et que Jésus lui-même se comparait à l'héritier. Donc, qu'il était...

---

9. Lc 13, 31-33.
10. Mc 12, 1-8.

Un cri les fit tous deux sursauter. C'était Bartimée qui venait de dévaler l'escalier et se jetait contre Simon-Pierre, joyeux, comme s'il avait craint de l'avoir perdu.

Ils s'interrompirent. Peut-être soulagés : cette conversation, cette exploration, pensait Simon-Pierre, allait les entraîner très loin, leur faire entrevoir une lumière trop forte, éblouissante, qui leur brûlerait les yeux. Une lumière qu'il souhaitait et craignait à la fois. André aussi peut-être.

Il lui fit signer de remonter avec le gamin.

Il l'avait oublié.

L'esprit envahi de réflexions et de discussions, Simon-Pierre n'avait plus eu une pensée, une seule pensée, pour l'homme qui, le matin, avait imité le cri du coq. Il en revit la sombre silhouette, soudain, après avoir emmené son frère dans la Chambre Haute. Il chassa aussitôt cette image. Mais elle lui avait rappelé Judas, l'intention qu'il avait eue d'aller à sa recherche dans la ville.

Il hésitait. Repartir ? A quoi bon ? Pour faire quoi, pour dire quoi ? Se venger ? Il revoyait Jésus, le soir de son arrestation, ordonnant de ranger l'épée tirée du fourreau pour le défendre. La tentation était forte. Mais le venger serait le renier à nouveau. Impossible.

Tenter de comprendre le traître ? Oui. Il en ressentait l'urgence. Puisque Judas n'avait pas agi pour gagner quelques pièces, il en restait persuadé, ni pour obliger Jésus à fonder enfin le Royaume, ce qui lui paraissait toujours douteux, il fallait bien découvrir une autre raison.

Peut-être l'avaient-ils laissé trop seul, Judas : qu'il se débrouille, jour après jour, pour trouver les deniers et les sesterces nécessaires à leur petit groupe. Des femmes comme Marie-Madeleine, ou Jeanne, ou encore Suzanne, qui les accompagnaient, toutes plutôt fortunées, leur donnaient bien sûr quelque argent. Mais, Marie-Madeleine exceptée, les maris veillaient. Ce qu'elles apportaient ne suffisait pas toujours. C'était Judas, alors, qui devait se débrouiller, quémander quelques piécettes par-ci par-là, tandis qu'ils écoutaient eux, les paroles du Maître, ou allaient les répéter dans la foule.

C'était parfois difficile. Par exemple le jour où ils étaient passés par Sichem, en Samarie, le lieu que Jacob, le grand Jacob, le patriarche, avait donné à son fils Joseph[1]. Il était midi, le soleil leur brûlait le crâne et les yeux, ils avaient beaucoup marché, le ventre creux, et ils n'avaient rien à manger. Plus rien. A tel point qu'ils avaient tous couru, tous, vers la ville enfin proche, pour trouver de la nourriture, laissant Jésus, fatigué, assis tout contre un puits où il avait eu une longue conversation avec une femme du pays[2]. Il faut bien l'avouer : ils en voulaient à Judas, alors, de ne pas avoir prévu ou trouvé des provisions. D'autant qu'il n'y avait pas que la faim : se montrer démunis, s'avouer affamés et assoiffés, eux, de vrais Juifs, devant des Samaritains... une honte ! Quand ils étaient retournés près de Jésus qui discutait encore avec cette femme – une Samaritaine ! – et lui avaient donné des fruits et des galettes, il leur avait parlé d'une autre nourriture qu'ils ne connaissaient pas. Ils avaient bien compris que c'était l'amour de Dieu, mais Jésus, parfois, se moquait un peu d'eux, gentiment, à sa manière, en faisant mine de les prendre pour des ignorants. Il avait parfois raison, d'ailleurs.

Simon-Pierre en revint à Judas. C'est vrai que, en partant pour la ville, ils lui avaient fait grise mine. Il avait bien dû se sentir un peu mis à l'écart, compris qu'on lui reprochait de ne pas avoir prévu des provisions. Une autre fois aussi, quand le Maître, ayant appris la mort de Jean-Baptiste, décapité sur l'ordre d'Hérode Antipas, s'était retiré au désert où bien des gens avaient réussi à le retrouver. Et, comme toujours, il s'était laissé attendrir, il avait guéri des infirmes, parlé aussi du Royaume et de ce qu'il fallait faire pour le mériter, l'instaurer. Jusqu'au soir. Et tout ce monde autour de lui, captivé, heureux.

---

1. Gn 48, 21-22.
2. Jn 4, 5-30.

Eux, les compagnons de chaque jour, avaient fini par dire à Jésus de renvoyer ces gens chez eux, dans les villages voisins, pour qu'ils puissent se nourrir[3]. Alors lui : comment ? « Il n'est pas besoin qu'ils y aillent, donnez-leur vous-même à manger. » Pas si facile. Ils avaient fait le compte : en tout et pour tout, ils ne disposaient que de cinq pains et de deux poissons. Ce n'était même pas suffisant pour eux, les disciples. Et lequel d'entre eux n'avait pas prévu ce qui risquait d'arriver ? Certains avaient dû en faire le reproche à Judas, ou le regarder en haussant les épaules, Simon-Pierre en était persuadé. Comme s'il était toujours responsable des petites choses de la terre tandis qu'eux rêvaient de celles du ciel en écoutant le Maître.

C'était Judas aussi qui était chargé de donner aux pauvres l'argent qui leur restait, quand les gens venus écouter Jésus se montraient généreux. Si bien que lorsqu'il les avait quittés, le soir du dernier repas, beaucoup avaient pensé qu'il partait secourir quelques malheureux. Et d'autres, encore une fois, qu'il ne s'était pas montré assez prévoyant, qu'il n'avait pas acheté tout ce qui était nécessaire pour célébrer la Pâque[4].

Quand il fallait trouver un responsable à leurs difficultés, il était souvent le premier désigné. Et quand il se permettait de faire une remarque, on le soupçonnait, ou bien on la lui reprochait carrément. Ainsi, quand ils avaient dîné avec Lazare et ses sœurs, à Béthanie.

Simon-Pierre revoyait la scène. Marie qui avait pris, on ne sait où, une livre de nard, un parfum si cher, aux si douces senteurs, pour la verser sur les pieds de Jésus. Leur stupéfaction à tous. Et Judas qui s'était permis de dire qu'avec les trois cents deniers qu'avait dû coûter ce parfum, on aurait pu nourrir je ne sais combien de pauvres gens[5]. D'autres l'avaient peut-être, sûrement, pensé aussi. Mais

---

3. Mt 14, 13-21 ; Mc 6, 31-44 ; Lc 9, 10-17 ; Jn 6, 1-13.
4. Jn 13, 27-30.
5. Jn 12, 1-6.

sans oser le dire. Chez lui, au contraire, c'était une rengaine. Du coup, ils l'avaient regardé d'un sale œil.

Simon-Pierre s'interrogeait. Avaient-ils, tous, été toujours convenables, fraternels plutôt, comme le demandait Jésus, avec l'homme qui tenait leurs deniers ?

Qui devait parfois mal dormir, la nuit, sur la paille, parce qu'il craignait que quelque malandrin vienne dérober leurs quelques pièces. Ou parce qu'il se demandait comment il ferait, le lendemain, pour les nourrir tous.

Qui avait peut-être acheté lui-même, avec trois ou quatre statères, une bourse de chevreau, toute neuve, très fier de la responsabilité que le Maître lui confiait, sans imaginer un instant les avanies qu'elle lui vaudrait.

Qui avait dû se sentir bien seul, parfois. Alors que les autres allaient souvent par deux : Jacques et Jean, les fils de Zébédée, Simon-Pierre et André, André qui, par ailleurs, était l'ami de Philippe. Et ainsi de suite.

Judas qui était peut-être – s'il vivait toujours, si les rumeurs entendues par Marie-Madeleine étaient fausses – encore plus seul aujourd'hui.

Simon-Pierre se tourna vers elle, Marie-Madeleine, dont il avait senti depuis des minutes le regard peser sur lui, attentif et lumineux, comme celui d'une sœur toute proche.

Il lui proposa de prier avec lui pour Judas. Elle parut à peine surprise. Acquiesça.

Simon-Pierre se prit vite à penser, pourtant, qu'il avait assez prié l'Eternel pour l'Iscariote. Il se demanda même si, ce faisant, il n'avait pas trahi quelque peu Jésus. Mais il rejeta vite cette idée, persuadé que celui-ci l'aurait approuvé : le soir du dernier repas, il n'avait pas condamné Judas, il l'avait plaint. En criant presque, c'est vrai. Mais il l'avait plaint[1].

Il avait de la compassion pour tous, même pour les méchants, même pour ceux qui le combattaient. Il n'aurait pas commandé d'aimer les ennemis s'il n'avait pas, lui-même, mis cette règle en pratique.

Quand même, Simon-Pierre en était convaincu, il fallait surtout prier l'Eternel pour Jésus et avec lui.

Il tenta de l'imaginer dans la roche où était creusé le tombeau. Frissonna. Puis s'interrogea : ce Joseph qui l'avait installé là avait-il eu le temps de nettoyer toutes ses plaies ? Impossible. Marie-Madeleine avait raison, il faudrait y retourner le lendemain pour continuer le travail, rendre au corps du Maître les derniers devoirs. Et puis, le corps était une chose, un homme n'était pas seulement cela. Simon-Pierre avait appris à la synagogue que le grand prophète Elie, voici longtemps, longtemps, avait été élevé au ciel sur un char de feu[2] ; et quelques ignorants, qui avaient mal

---

1. Mc 14, 24 ; Mt 26, 24.
2. 2 R, 2, 1-13.

compris les dernières paroles de Jésus, avaient cru l'entendre appeler ce prophète[3]. Mais rien de tel ne s'était produit malheureusement. Quoique ce n'était pas le genre de Jésus de se faire protéger ainsi par l'Eternel. Sinon, il n'aurait jamais eu faim, il n'aurait jamais sué sous le soleil. Et, plus encore, il n'aurait jamais été torturé.

Donc, il devait être à présent au Schéol*, dans ce grand trou noir où finissent tous les humains, bons ou mauvais, pêcheurs ou impies, croyants ou païens. Avec des incirconcis par conséquent. Les autres brebis dont il parlait pour expliquer qu'il ne se préoccupait pas seulement du troupeau d'Israël. Encore une de ses drôles de comparaisons. Simon-Pierre ne s'imaginait vraiment pas comme une brebis. A cette pensée, il se surprit même à sourire et se le reprocha aussitôt. Pas de place pour le sourire alors que le cadavre était là-bas, si proche. Revint, vite, la question : si tous les morts se retrouvaient au Schéol, vraiment tous les morts, c'était donc que l'Eternel ne se préoccupait pas seulement d'Israël, mais de toutes les nations ? Après tout, Israël l'avait bien mérité. Puisque le peuple de Dieu avait tué Jésus. D'autres prophètes avant lui, aussi. Mais le tuer, lui, le Messie et plus que le Messie, c'était pis encore. Bien sûr, tout le peuple n'en était pas responsable, loin de là. Bien sûr, les Romains y avaient beaucoup contribué. Quand même...

Justement, dans le Schéol, Jésus devait rencontrer les hommes et les femmes d'ailleurs. A commencer par les Samaritains, ces voisins qui détestaient tous les Juifs, sans faire de détail, bêtement.

Simon-Pierre gardait encore le souvenir vif de ce village par où ils étaient passés en venant à Jérusalem. Ils avaient suggéré à Jésus, lui et ses compagnons, d'éviter de traverser la Samarie, de prendre un détour comme les autres pèlerins galiléens. Ils n'avaient pas tort, puisqu'ils avaient trouvé portes closes et cris hostiles. Tout juste si on ne leur avait

---

3. Mc 15, 34-35 ; Mt 27, 46-47.

pas lancé des pierres. Ils auraient bien voulu, les autres et lui, que Jésus fasse tomber sur ces maisons la foudre ou quelque chose comme cela. Mais il avait refusé, bien sûr[4]. Ils auraient dû s'en douter. Depuis le temps qu'ils l'écoutaient...

Une fois même, il avait raconté l'histoire d'un homme que des brigands, en Judée, avaient laissé quasiment mort sur le chemin de Jéricho. Et seul un Samaritain avait voulu le sauver tandis qu'un prêtre et un lévite, ayant vu la victime avant lui, étaient passés outre[5]. Là, ce n'était pas les Juifs qui aimaient leurs ennemis. Mais tout le contraire, un ennemi qui mettait ce commandement en pratique.

S'il en était ainsi, Jésus devait rencontrer à présent dans le Schéol des Samaritains morts. Et des Romains, des Grecs, des peuples de l'Orient. Des hommes et des femmes de partout, de pays qu'on ne connaissait même pas. Comment étaient-ils ? Se parlaient-ils ? Leur parlait-il ? Simon-Pierre sourit de nouveau : cette question était bête ; il était difficile d'imaginer Jésus muet. Impossible même. Et désormais, il faudrait le remplacer. Porter sa parole aux vivants. A moins que...

Simon-Pierre fut pris du désir de partager son sourire, le signe d'une joie secrète et tendre, avec Marie-Madeleine. Elle priait encore. Mais il s'interrompit aussitôt. Tous sursautaient : on entendait de nouveau des pas dans l'escalier. Lourds.

Il s'avança et fut bientôt rassuré. Presque joyeux. Des trois hommes qui se précipitaient dans la salle, il en connaissait parfaitement deux : Jean, le frère de Jacques qui déjà lui tombait dans les bras, et Philippe, l'ami d'André. Grâce à ces deux-là, toujours prêts à discuter, à donner leur avis sur les enseignements de Jésus, il pourrait en savoir plus, comprendre mieux. Bien sûr, Marie-Madeleine l'impressionnait parfois par ses explications, mais ce n'était qu'une femme.

---

4. Lc, 9, 51-56.
5. Lc 10, 29-37.

Les deux autres, d'ailleurs, semblaient surpris de la trouver là. Sauf le troisième, que l'on présenta à Simon-Pierre comme un disciple habitant près de chez elle, à Magdala, ce petit bourg dont on affirmait parfois – mais allez savoir, on chuchotait beaucoup, chaque village médisait de l'autre depuis les temps les plus anciens – que les habitants en prenaient à leur aise avec la Loi et la simple morale.

Les trois hommes étaient pressés de conter leur périple. D'abord leurs fuites dans les étroites venelles de Jérusalem, au retour du Golgotha, à l'heure où les habitants fermaient leurs portes et allumaient leurs chandelles. Impossible de quitter la ville, puisque le sabbat était tout proche. Et le sentiment que les policiers du Temple les attendaient dans chaque coin d'ombre. Grâce à la protection de l'Eternel, certainement, ils avaient enfin découvert une sorte d'abri, au pied des remparts, qui avait dû servir à des policiers ou des légionnaires car ce trou sentait l'urine et le vin acide. Ils s'étaient réfugiés là, ne dormant que d'un œil, jusqu'aux premiers chants d'oiseaux qui saluaient l'apparition, à l'Orient, de la ligne rose de l'aube.

La suite était plus simple : l'homme de Magdala s'était dit certain de connaître la maison de Nicodème ; ce n'était pas tout à fait vrai car il avait plusieurs fois hésité avant, quand même, d'en trouver la porte. Le notable pharisien qui paraissait inquiet, sursautant au moindre bruit, les avait pourtant bien accueillis et nourris – mais dans une pièce isolée. Avant de les confier, bien vite, à l'un de ses serviteurs, un grand bonhomme aux allures de Goliath, pour les guider jusqu'à la Chambre Haute. Il était encore dans la cour, ce presque géant, prêt à ramener Marie-Madeleine, selon les instructions qu'il avait reçues. Si elle le désirait, bien sûr. Mais Nicodème pensait que ce serait mieux, plus sûr pour elle que les hommes du Temple devaient bien connaître, et qu'ils traiteraient sans ménagement – c'était clair – s'ils la trouvaient.

Elle hésita. Les craintes de Nicodème étaient peut-être fondées. Mais, bien qu'il eût pris des risques depuis la veille, ce grand personnage lui semblait, comme à Simon-Pierre, plutôt peureux : n'avait-il pas attendu la nuit, lors d'un précédent passage de Jésus à Jérusalem, pour venir dialoguer avec lui[6] ? Et puis, elle souhaitait entendre Philippe et Jean. Savoir ce qu'ils pensaient, eux, ce qu'ils espéraient, s'ils espéraient encore. D'ailleurs, c'était seulement la sixième heure, le soleil illuminait les blanches pierres des quelques bâtisses que l'on apercevait par les rares ouvertures de la pièce. Elle partirait plus tard, seule s'il le fallait. Elle le dit aux hommes qui l'entouraient et crut deviner chez eux quelques moues de dépit. Mais elle n'en avait cure et chargea Bartimée d'aller prévenir le serviteur de Nicodème. Ce qu'il s'empressa de faire, heureux de cette diversion.

C'était Philippe qu'elle voulait entendre surtout, Philippe qui avait demandé à Jésus, le soir du dernier repas, de leur montrer l'Eternel, et qui avait reçu cette incroyable réponse : « Qui m'a vu a vu le Père. » Mais si Jésus était semblable au Père, tout à fait semblable à lui, il était Dieu lui aussi, et un autre Dieu que le Père. Il y aurait donc deux dieux ? C'était contraire à tout ce qu'elle avait toujours entendu, à tout ce qu'elle savait. Il n'existait pour Israël qu'un seul Dieu, un Dieu unique. Pas deux. Cela, elle y croyait de tout son cœur, de toutes les forces qui lui restaient.

Elle vit que Simon-Pierre l'avait devancée, entraîné Philippe dans un coin de la salle, laissant Jean au bonheur des retrouvailles avec son frère. Elle les rejoignit, imaginant et craignant qu'ils en soient encore à s'interroger sur Judas, fut surprise de les entendre discuter de la personnalité de Jésus. Leurs préoccupations rejoignaient donc ses questions.

Ils l'avaient entendue s'approcher avec un visible agacement mais n'interrompirent pas leur dialogue.

Simon-Pierre soulignait que Jésus, bien sûr, n'était pas seulement un prophète, pas même un patriarche comme Jacob ou le grand Moïse. Parce que le grand Moïse avait reçu de l'Eternel la Loi. Tandis que Jésus annonçait, lui,

---

6. Jn 3, 1-10.

comme l'Eternel, une Loi, et une Loi supérieure. Bien sûr, il avait dit, au début, sur une colline proche de chez eux, qu'il ne voulait pas abolir la Loi ou les prophètes[7]. Mais il avait continué en répétant des « On vous a dit... moi je vous dis[8] ». Ce qu'il disait était donc différent, il le savait. Par exemple cet « Aimez vos ennemis » qui allait bien plus loin que tout ce qui était écrit dans la Loi. Et ce n'était pas tout. À tel point que ceux qui l'écoutaient étaient effrayés[9] par ses paroles. Vraiment effrayés. Comme si la terre tremblait, se renversait. Parce qu'ils comprenaient bien, tout paysans, pêcheurs, fabricants de sandales qu'ils étaient, que Jésus se disait au-dessus de la Loi. Sans la contredire, bien sûr, mais au-dessus. Donc au-dessus de Moïse.

Simon-Pierre expliquait à Philippe que, à ce moment, il n'avait pas compris tout à fait. Mais seulement pensé cela la veille, après la croix, quand il revenait dans la ville presque mort de douleur et qu'il cherchait les raisons de la condamnation du Maître. C'était cela : les Grands Prêtres avaient très bien compris, eux, que Jésus se mettait au-dessus de la Loi. Et puisque la Loi, c'était l'Eternel qui l'avait donnée à Moïse, voulait-il se dire l'égal de l'Eternel, Adonaï lui-même ?

Simon-Pierre avait hésité avant de lancer cette question. Marie-Madeleine le comprenait. C'était... Elle ne trouvait pas de mot assez fort pour dire sa stupéfaction. Elle sentait ses mains trembler, vit que Philippe l'avait constaté, les cacha bien vite. Cette idée, la pensée que Jésus, Jésus qu'elle avait admiré et aimé, senti si proche parfois, pouvait être l'égal de Dieu, c'était comme l'explosion du soleil par-dessus les terrasses, les tours et les toits de Jérusalem.

Une telle lumière était trop forte. Elle était près de l'accueillir mais voulait en même temps s'y soustraire. Hasarda donc une question dont elle connaissait, ou du moins pressentait, la réponse, mais qui lui permettrait de reprendre

---

7. Mt 5, 17.
8. Mt 5, 21-48.
9. Mt 7, 28-29.

souffle : tout ce qu'ils venaient de dire pouvait aussi s'appliquer au Messie ? Le Messie n'était pas l'égal de l'Eternel,
seulement – si l'on pouvait employer ce mot –, seulement
son envoyé, une sorte de procurateur appelé à devenir le
plus grand des rois, et il pouvait peut-être, en vertu de cette
mission, changer la Loi. Tandis que Moïse, tout grand prophète qu'il ait été – elle n'aurait garde de proclamer le
contraire, ni même de le penser –, ne pouvait occuper un
rang aussi élevé que le Messie.

Simon-Pierre répliqua, brusque, que Jésus n'était pas le
Messie, du moins le Messie tel que lui, et tous les Juifs et
elle, Marie-Madeleine, sans doute, l'attendaient. Puisqu'il
n'avait pas établi son pouvoir sur Israël et encore moins sur
les autres nations. Or, le Messie ne pouvait échouer. Cela,
du moins, était clair.

Philippe l'interrompit. Plus paisible, semblait-il. Moins
cassant. Voilà : il s'était beaucoup interrogé, l'autre nuit,
quand ils étaient cachés avec Jean et l'homme de Magdala
dans cette sorte de trou à rats creusé dans les remparts. Il
s'interrogeait sur l'absence de l'Eternel – il osait à peine
dire ces mots – l'absence de l'Eternel au long des heures où
Jésus avait souffert à en mourir. Jésus qui lui avait dit, à lui,
les yeux dans les yeux, mais tous les autres l'avaient
entendu, qu'en le voyant, on voyait le Père. S'il était si
élevé, le Fils de l'Eternel, pourquoi Celui-ci, le Père, ne
l'avait-Il pas secouru ? Pour le punir, parce que tout cela,
tout ce qu'avait dit Jésus, était faux ? Cela, il ne pouvait pas
le croire.

Bien sûr, lui, Philippe, était comme les autres – il en avait
encore parlé le matin même avec Jean tandis qu'ils man-
geaient des galettes chez le Pharisien Nicodème –, il ne
comprenait pas tout ce que Jésus disait, mais ce qu'il finissait par comprendre, il savait que c'était la Vérité, il savait
que le Maître ne mentait pas. Alors, si Dieu qui avait chargé
Jésus de mission, d'une très importante mission, ne venait
pas à son secours, cela ne voulait pas dire qu'Il le rejetait, ni même qu'Il était impuissant, Lui, l'Eternel, ni
qu'Il ne pouvait rien faire, puisque, bien sûr, Il pouvait

tout ; cela voulait dire qu'Il acceptait de se montrer faible, impuissant, Lui l'Eternel. Mais pourquoi ? L'Eternel impuissant ? Acceptant de se montrer impuissant ? C'était inimaginable. Mais si on le croyait, si on acceptait de le croire, il fallait vraiment essayer de comprendre Ses raisons. Si c'était possible. Pourquoi donc ?

Peut-être, hasarda Pierre, pour que les hommes n'aient pas peur de Lui. Les Ecritures parlaient souvent, presque toujours, on pouvait le dire, de l'Eternel comme du plus puissant, d'un plus puissant qui avait des éclats de colère, qui voulait punir ceux qui lui désobéissaient. Mais Jésus n'en parlait pas du tout de cette manière. Est-ce qu'elle avait entendu, elle, Marie-Madeleine, l'histoire de ce fils d'un riche propriétaire qui avait demandé sa part d'héritage, causant bien sûr à son père beaucoup d'embarras, et tout cela pour aller mener grande vie, boire, payer des femmes de mauvaise réputation et ainsi de suite ? Et Jésus disait que le père, depuis le départ de ce vaurien, allait l'attendre au bout du chemin, espérait toujours son retour. Le fils, bien sûr, s'était assez vite retrouvé sans argent et sans amis. La misère absolue. Du coup, il avait décidé de rentrer à la maison familiale. Et le père, dès qu'il l'eut aperçu à l'autre bout du chemin, lui avait pardonné, pris de pitié. Il ne savait même pas si ce garçon ne venait pas lui mendier quelque argent de plus pour continuer ses fredaines. Non. Ce qui comptait, ce qui le comblait, le rendait joyeux, c'est qu'il était vivant. Alors, il fallait amener le veau gras, le tuer, manger et festoyer[10]. Voilà comment était le Père, d'après ce que disait Jésus. C'était clair, non ?

Marie-Madeleine acquiesça. Un peu agacée. Pour qui la prenait-il ? Bien entendu, c'était clair. Et, bien entendu, elle avait compris aussitôt que le père dont parlait Jésus, c'était l'Eternel.

Donc, poursuivit Pierre, l'Eternel laisse les hommes libres, comme ce gros propriétaire a laissé à son fils toute

---

10. Lc 15, 11-32.

liberté de le quitter. Et s'il veut les laisser libres, il ne doit pas trop se manifester, montrer sa puissance. Parce que les hommes n'auraient pas le choix, ils seraient obligés de l'adorer.

Les laisser même libres de tuer son envoyé, balbutia Philippe ? Accepter d'être humilié lui-même en se montrant impuissant, en acceptant qu'on le pense impuissant ?

Ils se regardèrent, abasourdis par ce qu'ils venaient de dire. Qu'ils se sentaient presque honteux d'avoir pensé.

Si Jésus était encore présent... Ils avaient tant de questions à lui poser. Tout un sac de questions qu'ils n'avaient pas perçues jusque-là. Ou qui n'étaient pas si évidentes. Mais voici que le ciel se déchirait. Où chercher maintenant la vérité ?

A moins que Jean... hasarda Simon-Pierre.

Jean ne rêvait maintenant que de retrouver Judas.

Cela ne surprit pas vraiment Simon-Pierre. Il fut même satisfait de retrouver son ami tel qu'il s'était révélé tout au long de leurs mois de compagnonnage avec Jésus. L'épreuve ne l'avait pas transformé, il se montrait toujours aussi vif, audacieux, voire coléreux.

C'était lui qui avait un jour protesté, mécontent, parce que, disait-il au Maître, quelqu'un « qui ne nous suit pas » faisait des exorcismes en son nom et qu'il fallait l'en empêcher. D'abord, cette façon de dire « qui ne nous suit pas », de se mettre en avant comme si c'étaient eux, les plus proches, et non Jésus, que les foules suivaient... Simon-Pierre avait failli le reprendre, lui rappeler qu'ils n'étaient pas grand-chose, eux, que c'était Jésus seulement qui attirait les foules. Mais Jésus, justement, l'avait devancé. Calme, comme presque toujours. Plein de bonté comme toujours. Pour souligner qu'un homme qui pratiquait des exorcismes en son nom ne pouvait en même temps le critiquer, et encore moins l'attaquer[1]. C'était le bon sens. Avec un brin d'ironie qui les avait tous fait sourire. Même Jean.

Ce qui ne l'avait pas empêché – en compagnie de son frère Jacques cette fois – de demander à Jésus s'ils pouvaient faire tomber la foudre, la grêle et tout le tremble-

---

1. Mc 9, 49-50.

ment sur ce village de Samarie qui les avait mal reçus alors qu'ils venaient à Jérusalem[2]. Cette fois, ils s'étaient fait réprimander. Comme s'ils s'étaient pris pour le prophète Elie qui avait commandé au feu du ciel de s'abattre sur les soldats du roi Ochozias venus l'arrêter[3].

Ils étaient ainsi, Jacques et Jean. Guère étonnant, donc, que ce dernier, le plus m'as-tu-vu des deux, veuille retrouver Judas. Pour lui dire son fait et peut-être se colleter avec le traître.

Simon-Pierre lui avoua qu'il en rêvait lui aussi. Parla même, mais sans évoquer le cri du coq, de l'inconnu qui, à l'aube, lui avait hurlé aux oreilles. Mais souligna qu'il ne s'agissait pas d'abord de venger Jésus : qu'en aurait pensé celui-ci ? Non. L'important, le plus urgent, était d'apprendre ce qui avait poussé Judas chez les Grands Prêtres Anne et Caïphe, de savoir enfin si Jésus était d'accord ou l'y avait poussé – ce qui semblait peu probable, mais pas impossible –, de comprendre mieux les raisons de sa mort. Parce que là était l'inexplicable. Et Judas, si du moins il vivait encore, détenait une partie de la vérité.

Cela dit, partir à sa recherche ce jour-là était folie. Lui-même, Simon-Pierre, encore tout prêt à le faire l'heure d'avant, avait fini par y renoncer. Précisément après l'arrivée de Jean et des deux autres accompagnés par ce géant, expliqua-t-il. L'attitude prudente de Nicodème, multipliant les précautions pour les protéger, l'avait convaincu de rester enfermé là. Et Jean le connaissait assez pour comprendre que c'était difficile, qu'il bouillait d'agir. Mais quoi ? Ce Pharisien de Nicodème était sans doute peureux, ils l'avaient tous constaté, mais il ne devait pas manquer d'informations, placé comme il l'était. Il avait probablement appris que les hommes d'Antipas ou les policiers du Temple étaient à leur recherche. Et s'ils étaient retrouvés par ces maudits-là, leurs chefs finiraient par découvrir le

---

2. Lc 9, 52-56.
3. 2 R 1, 6-17.

rôle de Nicodème, qui serait mal récompensé de tout ce qu'il avait fait pour eux.

Jean, haussant les épaules et bougonnant, finit par l'admettre. Simon-Pierre réfléchissait, s'apprêtait à lui poser les questions dont ils venaient de débattre, Marie-Madeleine, Philippe et lui, sur la véritable personnalité et la mission de Jésus, quand l'oncle de Bartimée, arrivé en catimini, intervint. Simon-Pierre allait l'écarter, agacé et plus qu'agacé, mais Jean s'était déjà laissé captiver par l'interrogation de cet infatigable parleur. Voici : il avait entendu dire que Jean et son frère avaient un jour demandé à Jésus de leur réserver des places d'honneur, à sa droite et à sa gauche, quand il serait roi d'Israël, et qu'ils s'étaient fait remettre en place, c'était le cas de le dire[4]. C'était vrai ? Et fallait-il en conclure que le Maître ne voulait pas être roi ?

Cette scène-là, Simon-Pierre s'en souvenait parfaitement. D'autant que les autres et lui s'étaient indignés de la demande des deux frères. Et que Jésus, sévère cette fois, leur avait répondu qu'ils ne savaient pas ce qu'ils souhaitaient. En somme qu'ils parlaient comme des ignorants ou des sots. Il avait expliqué, une fois encore – comme une rengaine, mais ils avaient la tête dure –, qu'il n'était pas venu pour être servi mais pour servir. Et les avait interrogés sur une coupe qu'il allait boire : seraient-ils capables de la boire aussi, eux, ces aspirants aux honneurs ? Simon-Pierre avait compris aussi que cette coupe ne contiendrait pas du meilleur vin, bien au contraire : Jésus n'avait-il pas annoncé auparavant qu'il serait livré aux Grands Prêtres ? Ce que chacun d'eux craignait déjà tout en espérant au contraire, comme Jacques et Jean, qu'il leur échapperait, prendrait même le pouvoir. Et là, tandis que Jean insultait presque l'oncle de Bartimée, Simon-Pierre se prit à penser, envahi de nouveau par le chagrin, que ce n'étaient pas les fils de Zébédée qui se trouvaient la veille à la droite et à la gauche de Jésus, mais deux brigands inconnus.

---

4. Mc 10, 35-44.

Marie-Madeleine avait saisi le bras de Jean, presque autoritaire, comme une mère qui sépare deux enfants querel-
leurs, écartant l'oncle de Bartimée. Qui alla retrouver son
frère en maugréant que Simon-Pierre et ses amis, la femme
comprise, formaient une sorte de tribu fermée et que Jésus,
lui au moins, était plus attentif aux autres, à tous.

Pour l'instant, elle n'en avait cure. Elle brûlait, elle, de
revenir au débat qui l'avait tellement troublée après que
Philippe avait évoqué ce que Jésus lui avait dit, les yeux
dans les yeux : en le voyant, lui, Philipe, il voyait le Père.

Qui était donc Jésus, qu'ils n'avaient pas compris aussitôt ?

Cela seul importait. Aujourd'hui comme hier.

Elle voulait connaître l'avis de Jean, qu'elle estimait en
dépit de ses emportements. Après tout, elle ne manquait
pas de défauts elle-même, tous le savaient. Et ne se pri-
vaient pas de le lui faire remarquer.

Jean parut soulagé d'échapper ainsi à l'oncle de
Bartimée. Il lui raconta la guérison du paralytique[5].

C'était au tout début, alors qu'elle ne les avait pas encore
rencontrés. Jésus, après avoir parcouru la Galilée avec
eux, était revenu à sa maison de Capharnaüm. Sa réputation était déjà faite, si bien qu'une petite foule se pressait là, jusque devant la porte. Et voilà que quatre hommes
qui portaient un paralytique tentèrent de se frayer un chemin jusqu'à lui. En vain. Tellement ceux qui l'écoutaient
étaient entassés. Et puis, c'était toujours la même chose,
les gens sont ainsi : chacun pour soi, même en écoutant
Jésus. Donc, ils faisaient la sourde oreille quand les quatre
hommes s'époumonaient à crier : « Place, place ! » Bref,
toujours aussi déterminés et sans doute furieux, ceux-ci
avaient trouvé le moyen d'arriver jusqu'au maître : en grim-
pant sur la terrasse pour y creuser un trou – facile parce
que c'était une masure – et faire descendre leur bonhomme
par là. Tout le monde, bien sûr, était stupéfait. Mais Jésus se

5. Mc 2, 1-12.

montrait surtout admiratif. Tant de confiance en lui et ses pouvoirs l'impressionnait. Il commença par dire au malade : « Tes péchés te sont remis. »

Peut-être cet homme et les quatre porteurs furent-ils déçus par ces paroles : ce qu'ils attendaient d'abord c'était la guérison pure et simple. Mais d'autres, parmi les présents, étaient scandalisés : « Comment ? dirent-ils, cet homme-là blasphème. Car il n'y a que l'Eternel – béni soit Son Nom – qui puisse pardonner les offenses qui lui sont faites. Personne d'autre n'en a les pouvoirs. »

Ils avaient raison. Pourtant, il fallait remarquer, poursuivit Jean, que Jésus n'avait pas dit encore que c'était lui qui avait remis les péchés. On pouvait comprendre qu'il constatait seulement que c'était fait par l'Eternel et que Jésus, mystérieusement, inspiré comme un prophète, le savait. L'affaire aurait pu s'arrêter là. Mais ce sont les réflexions, les protestations de ces gens, des scribes sans doute, qui l'ont poussé à aller plus loin. Il les a interpellés : « Pour que vous sachiez que le Fils de l'homme a le pouvoir de remettre les péchés sur la terre, je te l'ordonne, toi le paralytique, lève-toi, prends ton grabat et rentre à la maison. » Ce que fit le bonhomme, tandis que tous s'enthousiasmaient.

Jean fit remarquer qu'ils s'étaient enthousiasmés de la guérison de cet handicapé, mais qu'ils n'avaient pas pris garde au plus important : c'est que Jésus avait déclaré avoir le pouvoir de remettre les péchés. Un pouvoir qui appartenait – sur ce point les protestataires avaient raison – à l'Eternel seul, on ne le dirait jamais assez. Ce qui signifiait – lui, Jean, regrettait maintenant de ne pas l'avoir compris aussitôt – qu'il se prétendait l'égal d'Adonaï.

L'égal de l'Eternel : c'était ce que Philippe avait dit et qui avait tant troublé Marie-Madeleine. Un autre Eternel, un deuxième Eternel, alors ? Mais pas un rival de l'Eternel. C'était contraire à ce que tous leurs pères avaient cru : que le Dieu d'Israël était unique. Vraiment unique. Et puis surtout, Jésus était mort. Un Etre divin pouvait-il mourir ?

Marie-Madeleine finit par penser que tous ces hommes étaient trop fourbus, apeurés, désemparés, pour envisager sérieusement ces questions qui bouleversaient tout, comme si le soleil devenait lune. Ou le contraire plutôt.

Bien sûr, ils avaient été les premiers compagnons de Jésus. Bien sûr aussi, ils avaient reçu de lui des confidences et des enseignements qu'elle n'avait pas toujours entendus. Ils étaient des gens du peuple, pas des lévites, des prêtres ou des rabbis, mais il ne les avait pas choisis au hasard. Il aurait pu prendre avec lui d'autres disciples ; il n'en manquait pas. Mais c'étaient ceux-là qu'il avait voulus pour compagnons de chaque jour. Et ils s'étaient révélés solides, fidèles, même s'ils avaient fui, peut-être parce qu'ils n'y comprenaient plus rien, la nuit de Gethsémani. Comme si la lune leur était tombée sur la tête. Tous assommés de questions sans réponses. Sauf Judas peut-être. Le mystère Judas.

Mais là, dans cette salle qui commençait à puer l'homme mal décrassé, ils semblaient déjà las de leurs discussions, de leurs échanges d'interrogations sur le drame qu'ils venaient de vivre, et sur Jésus qui venait de mourir.

Ils y reviendraient, elle n'en doutait pas, elle les connaissait et les estimait assez pour en être assurée, mais ce n'était pas le plus urgent à leurs yeux.

Le plus urgent était de quitter Jérusalem, de rentrer chez eux. Comme le disaient à ce moment même le père et l'oncle de Bartimée qu'elle entendait, dans son dos, expliquer à Philippe qu'ils feraient étape le lendemain, dès qu'ils pourraient quitter Jérusalem, dans une petite auberge accueillante toute proche d'Emmaüs. Tant pis. Il faudrait patienter. Prier le Très-Haut, réfléchir, reprendre plus tard les discussions avec eux, qui ne pourraient pas se quitter comme ça, des frères ou des presque frères, après tout ce qu'ils avaient vécu ensemble autour de Jésus, et qui se retrouveraient d'autant plus aisément qu'ils habitaient à peu près tous le même coin. Elle resterait, elle, à Jérusalem quelques jours encore. D'abord pour aller au plus vite rendre les derniers hommages au corps du Maître, comme ils en étaient convenus, elle et Simon-Pierre.

Dans quel état était-il déjà ? Elle revoyait le corps cassé, rayé de lignes sanglantes, le souffle court, la tête qui pourtant se redressait, droite, haute. Comme s'il vivait toujours, plus fort que la mort qui le tenait pourtant.

Elle retint ses larmes, décida de quitter la Chambre Haute. Le jour avançait, le soleil commençait à décliner et rougir. Il fallait rentrer chez Nicodème qui avait sans doute eu raison de lui adresser ce bonhomme pour la presser de rentrer et l'accompagner, qui devait s'impatienter, s'angoisser peut-être, et ne méritait pas d'être traité ainsi.

Elle chercha Simon-Pierre, afin de convenir d'un rendez-vous, le lendemain matin, dès la première heure. Et fut surprise de l'apercevoir en conversation avec Bartimée.

Elle le fut davantage encore quand, s'approchant, elle l'entendit demander au garçon s'il pourrait dessiner une image de Jésus. L'autre s'étonnait, secouait la tête, comme qui est incrédule ou fait mine de ne pas comprendre. Simon-Pierre insistait. Voilà, disait-il : tous les jeunes aimaient tracer des lignes pour reproduire ce qu'ils avaient vu et qui leur avait plu. Et lui, Bartimée, ne devait pas être différent. Bien sûr, chaque enfant était plus ou moins capable, les dessins étaient plus ou moins ressemblants, mais quand même, à cette âge, on savait mieux tirer des traits, faire des droites et des ronds ; on avait la main plus souple et plus assurée. En vieillissant, on se déshabituait.

Alors, on parvenait moins bien à reproduire sur un parchemin, une pierre ou un morceau de planche, une tête, des cheveux bouclés, un nez, un œil. Les mains devenaient moins habiles, moins dociles. Simon-Pierre montrait les siennes, crevassées, la peau rayée, cassée d'avoir longtemps tiré sur les cordages des bateaux, tant manié de fers pour mettre aux mesures les planches nouvelles qui renforceraient ou rajeuniraient les coques.

Il faudrait pourtant un portrait du Maître, expliqua-t-il à Marie-Madeleine qu'il avait enfin remarquée. Il faudrait quelque chose de semblable à ces images que les Romains et les Grecs montraient de leurs rois, de leurs empereurs et même de leurs dieux. Des images que Pilate, tout le peuple s'en souvenait, avait même osé un jour introduire dans Jérusalem, la cité sainte, la ville vouée à l'Eternel.

L'Eternel, bien sûr, on ne pouvait pas Le représenter. Le grand Moïse lui-même n'avait pu Le regarder en face. Sur la montagne où ils s'étaient rencontrés, où le Très-Haut avait accepté de se baisser, Il avait mis en garde le prophète clairement. « Tu me verras de dos, mais Ma face on ne peut pas la voir[1]. » Jésus, lui, c'était différent. On l'avait vu. Ils étaient des foules à l'avoir vu de Galilée en Judée et même en Samarie. Ils n'étaient pas comme Moïse que Yahvé avait contraint à se cacher dans la fente d'un rocher, ce jour-là, pour éviter de le voir passer. Jésus, au contraire, se montrait volontiers. Il appelait même les pèlerins à venir l'entendre, ces derniers jours, quand il prêchait dans le Temple. Il les attirait de sa voix forte. Forte mais belle qui ruisselait de bonheur, de bonté et de joie. Une voix qui les prenait au ventre et au cœur, tous. Sauf les Grands Prêtres et leur bande de maudits.

Cette voix, ils ne l'entendraient plus, mais ils la garderaient dans la tête. Comme elle lui résonnait encore dans le crâne, à lui, Simon-Pierre, maintenant. Et depuis qu'il l'avait vu mourir au bois de la croix, depuis qu'il l'avait

---

1. Ex 33, 23.

entendu pousser son dernier cri, il lui était bien souvent arrivé de penser qu'il l'entendrait encore. Pas seulement ce cri, les premiers mots d'un psaume où l'homme malheureux est réconforté par Dieu². Les récits aussi, les commandements, les paroles d'amour pour les petits, les bancals et les pauvres. Alors, oui, lui, Simon-Pierre, était persuadé que ces paroles retentiraient toujours à ses oreilles, parce que cette lumière qui avait traversé sa vie comme une gerbe d'éclairs étincelants bouleversant le ciel, que cette aventure inouïe, cette sublime et merveilleuse rencontre dont ils avaient eu la chance, la grâce inattendue et guère méritée, eux, des pauvres pécheurs, des paysans aussi et même un publicain collaborateur des Romains et même un Judas, bref, des gens de peu, des moins-que-rien, cette aventure, donc, ne pouvait se terminer ainsi, le chemin qui avait été ouvert ne pouvait se perdre, disparaître sous les herbes folles, finir par être oublié.

Pour cette raison, pour ces raisons, il faudrait des images afin de le montrer, lui, Jésus. Les gens de ce pays, comme ceux des nations voisines, étaient bien incapables, sauf les puissants, de déchiffrer la plus grande des lettres creusée dans la pierre ou peinte sur un morceau de parchemin. Les paroles, on pourrait bien les leur répéter et les répéter encore, ils finiraient par les oublier. Les images, non. Les images, ça reste. Il fallait donc dessiner l'image du Maître, la garder, puis la multiplier. Pour commencer, ce jeune garçon qui l'avait suivi tous les jours de la semaine, qui avait même cheminé à ses côtés lors de leur entrée à Jérusalem, pourrait peut-être essayer, lui, de retrouver ses traits. On trouverait bien dans cette grande salle un débris de parchemin, on pourrait même déchirer le bas d'une tunique, la toile d'un coussin, quelque matière où il laisserait une trace avec une pierre noire.

Marie-Madeleine s'émerveillait. Ainsi, ce Simon-Pierre dont elle avait douté se montrait décidé à continuer, sem-

---

2. Ps 12.

blait même enthousiaste, exalté. Oh ! il était homme à changer d'avis et de ton. Elle connaissait, ils connaissaient tous, ses sautes d'humeur. Mais il finissait toujours par se retrouver sur la bonne voie. Jésus, souvent, l'y aidait. Désormais, le souvenir de Jésus l'inspirerait encore.

Elle le lui dit, pour le fortifier.

Il esquissa un sourire. Un mince sourire, encore triste. Mais c'était le premier, depuis le matin.

Il voulut s'expliquer à nouveau. Comme si c'était nécessaire, indispensable. Ce qui l'agaça : pouvait-il penser qu'elle n'avait rien compris parce qu'elle n'était qu'une femme ? Mais non. La joie, bientôt, l'emporta. Car il persistait dans la volonté de poursuivre le chemin. Le Maître, disait-il, les avait bien mis en garde, au soir du dernier repas : « Vous aurez à souffrir, mais gardez courage[3] ! » C'était clair. Il désirait qu'ils continuent, qu'ils prennent sa suite. Ne les avait-il pas envoyés plusieurs fois répandre et propager son message dans les villages et les hameaux ? Et pas seulement eux, les amis les plus proches. D'autres aussi qui l'avaient suivi : il disait même – car il exagérait toujours un peu, c'était son habitude de prendre des comparaisons invraisemblables comme l'histoire du chameau qui devait passer par le trou d'une aiguille, et il en souriait le premier –, il disait même, donc, qu'il les envoyait comme des agneaux au milieu des loups[4]. Eux, costauds comme ils étaient presque tous, des agneaux ! Il ajoutait, dans le même ton, qu'ils devraient proclamer sur les toits ce qu'ils auraient entendu dans le creux de l'oreille. Comme si, avec sa voix si forte, enflée par sa foi, emportée par la volonté de convaincre, ils ne pouvaient l'entendre, eux, que par le creux de l'oreille !

Et lui, Simon-Pierre, pensa Marie-Madeleine, il est toujours porté à se répéter. Pour se convaincre lui-même, se persuader autant que pour entraîner.

Ils avaient oublié Bartimée.

---

3. Jn 16, 33.
4. Mt 10, 11-27 ; Lc 10, 1-16.

Le garçon la tira par la manche, doux, comme il l'eût fait à sa mère.

Il avait, sans attendre, tracé sur le sol une croix.

Simon-Pierre haussa les épaules.

C'était insuffisant, dit-il. Ce n'était qu'une étape. La belle aventure ne se terminait pas là, sur ce bois.

Marie-Madeleine hésitait encore, ne parvenait pas à quitter la grande salle.

Une nouvelle controverse avait éclaté. Entre Jean et l'oncle de Bartimée, cette fois. A propos de Judas encore, dont Jean répétait, fougueux comme toujours, sa volonté de le retrouver au plus vite, pour lui dire son fait. Et peut-être faire davantage, songea-t-elle. Avant de se le reprocher.

Le colosse galiléen, semblait-il, avait pris la défense de l'Iscariote, murmurait qu'il ne fallait pas se hâter de le juger puisque l'on ignorait tout, ou presque, de ce qui s'était réellement produit. Ils n'avaient, les uns et les autres, entendu que des rumeurs. L'un d'eux, Jean, Philippe, Simon-Pierre ou un autre, avaient-ils assisté à la rencontre entre Judas et les gens du Temple ? Avaient-ils été témoins de la remise d'argent à l'apôtre ? Non ? Non ? Non. Donc, qu'ils cessent d'échafauder des hypothèses.

Marie-Madeleine était ébranlée. Elle avait, les mois derniers, entendu des disciples – pas les plus proches compagnons de Jésus – exprimer leur haine pour les Pharisiens et surtout les Sadducéens. Comme s'il était plus facile de haïr que d'aimer. Comme s'il fallait, pour aimer davantage, haïr davantage. Ce que Jésus aurait condamné. N'allait-on pas, désormais, haïr et condamner Judas pour démontrer un grand attachement au Maître ! Trop facile.

Simon-Pierre, lui, tentait de mettre fin à la discussion. L'oncle de Bartimée et son frère qui se montraient, l'instant d'avant, surtout pressés de décamper pour se réfugier dans leur petit village lui devenaient insupportables. Il répéta qu'il ne s'agissait pas de rumeurs, qu'il était à Gethsémani, lui, comme Jean, et qu'ils avaient vu, de leurs yeux vu, Judas arriver dans la nuit avec cette troupe de brigands armés de bâtons et d'épées, envoyés par les Grands Prêtres. Qu'il avait, lui, tiré la sienne, son épée, pour défendre Jésus et que Judas alors n'avait pas fait un geste, pas esquissé le moindre mouvement pour lui venir en aide. C'était bien la preuve que les autres ne l'avaient pas emmené de force, non ? Qu'il était donc du côté de leurs ennemis. Et qu'il avait trahi.

Infatigable discutailleur, l'oncle de Bartimée n'était pas disposé à s'en tenir là. Il entama un véritable interrogatoire. Et Jean, que Simon-Pierre n'avait pas mis en garde contre cet ergoteur, se laissait entraîner, toujours prompt à la riposte et incapable d'en discerner tous les pièges tant il voulait avoir le dernier mot.

Que Judas ait trahi, dit-il, n'était pas surprenant, si l'on réfléchissait bien. Il était seulement allé jusqu'au bout, lui. Car bien d'autres avaient sans doute été tentés de le faire, bien d'autres avaient auparavant abandonné Jésus.

Une grosse crise n'avait-elle pas éclaté parmi des disciples un jour où Jésus parlait dans la synagogue de Capharnaüm ? Il était interrogé sur la manne* dont l'Eternel avait nourri les ancêtres ramenés d'Egypte par Moïse. Les questions qui lui étaient posées n'avaient pour but, parfois, que de le mettre en difficulté. Mais là, ce n'était pas le cas, semblait-il. Et Jésus avait parlé d'un autre pain, descendu du ciel disait-il, bien supérieur à la manne, tout à fait différent. Parce que la manne, expliquait-il, n'était qu'une nourriture temporaire. Bien sûr, elle avait donné des forces aux ancêtres pour continuer leur chemin dans le désert et arriver sur la Terre promise. Mais, bon, ils avaient mené ensuite une vie normale, une vie qui se termine un jour ou l'autre par la mort. Tous ceux qui avaient mangé la manne avaient fini par mourir. Tandis que lui, Jésus, se présentait comme un pain qui donnerait une vie éternelle, le vrai pain, la vraie nourriture. Il disait être descendu du ciel pour donner la vie au monde.

Oh ! il ne se faisait guère d'illusions. Il avait même dit à ceux qui se pressaient dans la synagogue : « Vous me voyez et vous ne me croyez pas. » Et comme d'habitude, il ne se trompait pas. Il est vrai que ce qu'il disait n'avait jamais été entendu, restait difficile à comprendre. Du coup, les gens de Capharnaüm, pas tellement loin de Nazareth bien sûr, le prenaient presque pour un insensé. « Celui-là, disaient-ils, n'est-il pas le fils de Joseph, dont nous connaissons le père et la mère ? Comment peut-il dire maintenant : je suis descendu du ciel ? » Cela ne s'était pas bien terminé. Beaucoup s'étaient détournés de lui à ce moment. Et pas seulement de simples gens de Capharnaüm. Des disciples, nombreux, qui le suivaient jusque-là, faisaient route avec lui[1]. Judas était resté, il est vrai. Mais, bon, c'est peut-être à ce moment qu'il avait commencé à se poser des questions.

Cela pouvait d'autant plus se comprendre, intervint Simon-Pierre, que Jésus, dans cette synagogue, disait aussi que l'Eternel, le Très-Haut, était son Père à lui, et que le Père l'avait envoyé. C'était avant le dernier repas, bien sûr, avant qu'il aille plus loin en disant à Philippe : « Qui me voit, voit le Père. » Quand même, c'était énorme. Il n'y avait pas d'autre mot : énorme.

Parce que, pour eux tous, l'Eternel était le Père d'Israël. Jésus, bien sûr, ne voulait pas l'enlever à Israël. Mais il en parlait comme d'un père particulier, de son père à lui, d'un père comme ils en avaient tous un, d'un père de famille si l'on voulait. Donc, ce n'étaient pas les lévites, ni les rabbis de toutes sortes qui couraient les chemins, ni les prêtres et pas davantage les Grands Prêtres qui étaient les mieux placés pour parler de l'Eternel, dire qui Il était vraiment et ce qu'Il voulait ; ce n'étaient pas non plus Moïse, ou Abraham, les plus grands prophètes, qui en étaient capables, qui le

1. Jn 6, 22-66.

savaient, c'était lui, Jésus, le Fils du Père, le plus proche de l'Eternel. Tellement proche que...

A ce moment, Simon-Pierre s'arrêta. Comme s'il n'osait pas. Comme s'il s'interdisait d'aller plus loin. Ou du moins de révéler les pensées qui lui venaient à l'esprit, qui lui semblaient déplacées, impossibles à entendre par ceux qui l'entouraient.

Marie-Madeleine les devinait. C'étaient celles qu'il avait laissé échapper, commencé de laissé échapper plutôt, devant Philippe, l'heure d'avant. Des pensées tellement neuves que...

L'oncle de Bartimée ne semblait pas avoir remarqué le soudain silence de Simon-Pierre.

Ce qui l'intéressait, lui, c'était le dernier repas. Il avait entendu dire – les rumeurs couraient vite parmi les pèlerins de Galilée – que ce soir-là l'homme de Nazareth, le maître de Jean et de leurs compagnons, leur avait lavé les pieds à tous, comme un esclave le fait à son propriétaire, un acte inimaginable. A tous, y compris à Judas ? C'était la question : pourquoi lui laver les pieds, lui rendre un tel hommage, si Jésus savait qu'il le trahirait ? Pour lui pardonner à l'avance ? Ou parce qu'ils étaient complices, Judas et lui ?

Simon-Pierre s'agaçait : toujours les mêmes interrogations, depuis des heures et des heures. La réponse était simple. Jésus avait dit, ce soir-là : « Vous êtes purs, mais pas tous[2]. » Donc, il savait. Et si Judas s'était laissé laver les pieds comme ses compagnons, c'est qu'il était le roi des fourbes. Pire qu'Hérode. Bien pis. Cela aggravait son cas. Les disciples qui avaient abandonné Jésus après le discours à la synagogue de Capharnaüm s'étaient montrés infidèles, certes, mais pas traîtres. Lui, Judas, avait caché son jeu jusqu'au bout. Et Jésus l'avait laissé faire. Peut-être parce qu'il espérait qu'il se reprenne. Peut-être pour lui donner encore une chance de se reprendre ? Par bonté. Mais si Jésus savait tout à l'avance, connaissait l'avenir, il devait savoir aussi que

---

2. Jn 13, 10.

Judas ne profiterait pas du répit qu'il lui accordait ainsi. A moins qu'il ait ignoré en partie ce qui allait se produire...

Il n'ignorait rien des risques qu'il avait pris en venant à Jérusalem pour la Pâque, mais peut-être ne connaissait-il pas tous les détails, la suite tout entière. Simon-Pierre et les autres l'avaient constaté : il ne savait pas tout ce qui leur arrivait quand ils se séparaient de lui pour quelque temps. Voilà, c'était ainsi : il avait voulu laisser la porte ouverte. Etroite, mais ouverte.

Ou encore, bien plus, voulait-il montrer au traître qu'il lui pardonnait ? Qu'il était au courant de tout mais pardonnait ? Ce qui ne serait pas étonnant puisqu'il était la bonté même et disait qu'il remettait les péchés. Il est vrai qu'il avait dit aussi : « Malheur à cet homme-là par qui le Fils de l'homme est livré[3] ! » Il le plaignait peut-être. Cela ne signifiait pas qu'il le condamnait.

Jean, cependant, avait poursuivi son récit, harcelé de questions par le colosse galiléen. Il en était à raconter comment Jésus avait pris dans le plat une bouchée à donner à Judas. Ce qui était, ils le savaient tous, un signe d'honneur, un témoignage de confiance.

S'il avait ainsi agi, intervint Simon-Pierre, c'était justement pour ouvrir davantage la porte, donner une dernière chance. Judas, à ce moment encore, aurait pu être bouleversé, retourné par tant de générosité. Et renoncer à son funeste dessein, à son terrible projet. Tout pouvait encore changer alors. Peut-être Jésus aurait-il été retrouvé dans la nuit par les policiers du Temple, ou pris par eux le lendemain matin. C'était possible. Du moins n'aurait-il pas été trahi par l'un de ses plus proches compagnons. Et Judas aurait-il été préservé d'une telle faute.

Le colosse galiléen revenait à la charge : mais comment et pourquoi, eux, Simon-Pierre, Jean, André et les autres n'avaient-ils pas agi, retenu le traître ?

Simon-Pierre prit feu et flammes. Il avait déjà répondu,

---

3. Mt 26, 24 ; Mc 14, 21 ; Lc 22, 22.

l'autre aurait dû l'écouter. A moins qu'il n'ait décidément les oreilles bouchées. La vérité est qu'ils n'avaient pas tous saisi ce qui se passait ce soir-là.

Ils discutaient entre eux, détendus enfin après une rude journée qui suivait une autre rude journée, une autre rude journée encore, et encore et encore. Ils n'en pouvaient plus. Cela pouvait se comprendre, non ? Et puis, il y avait eu cette affaire de lavement des pieds qui les avait tous interloqués, abasourdis. Et aussi, ensuite, eu cette phrase de Jésus à Judas : « Ce que tu fais, fais-le vite. » Un jour, peut-être, ils en saisiraient le sens. Mais à ce moment, c'est à peine s'ils y avaient prêté attention. Puisqu'ils ne savaient pas ce que devait faire l'Iscariote.

Alors, qu'on ne leur jette pas la pierre. Ils étaient assez malheureux pour qu'on les laisse en paix. Même pas en paix. Puisque, Jésus mort, ils porteraient le poids de sa croix, toujours.

Mais ce qu'il pensait maintenant, lui, c'est que Jésus avait pardonné. A tous. Sans faire le détail. A tous, même à Judas.

A peine Simon-Pierre l'avait-il dit, qu'il le regretta. Tous, c'était trop.

Simon-Pierre en avait assez désormais. Il ne supportait plus ces discutailleurs. Il comprenait leurs interrogations, puisqu'elles étaient les siennes. Mais il rêvait de réfléchir au calme. Impossible dans cette grande salle parmi ces hommes traqués, prisonniers volontaires qui se sentaient tous coupables puisqu'ils n'avaient pas su éviter le pire. Qui se cherchaient donc des excuses. Et la meilleure excuse, comme toujours, c'était l'autre, les autres. A commencer, bien sûr, par celui qui s'était lui-même désigné.

Simon-Pierre s'écarta, la gorge brûlante, chercha un pot à eau. Et se souvint soudain de l'inconnu qui, le matin, lui avait crié aux oreilles, imitant le chant du coq.

Il s'étonna à nouveau de l'avoir oublié. Mais s'en réjouit aussi. Ils avaient tous été habités, au long des heures et des heures, de préoccupations plus fondamentales. Il fallait chasser vite le souvenir de cet homme haineux et provocant. Quand Jésus disait que l'on devait laisser les morts enterrer les morts, une formule qui les avait choqués, il les invitait tous à regarder devant eux. Pas derrière.

Demeurait pourtant l'énigme Judas. Si l'on parvenait à percer les raisons de son fatal geste, on comprendrait mieux la mort du Maître. Sa fin honteuse – non : pas honteuse, insultante – sur la croix des larrons. Un mystère et une souillure. Une souillure pour eux tous, Juifs et Romains, amis ou ennemis. Puisqu'il ne s'agissait pas d'un rebelle, d'un agitateur, d'un violent. Un juste entre les justes au contraire, qui, bien sûr, s'en prenait aux usages, expliquait autrement la Loi et l'Eternel, mais qui n'avait fait que prêcher le bonheur, la justice pour les petits comme pour les grands, une attention particulière pour les plus faibles, les méprisés, les écartés, les malades, les infirmes et les sans un denier, un prophète qui avait prêché la douceur et l'amour, le pardon et la joie. Et que l'on avait assassiné. Les hommes étaient-ils incapables de supporter le paradis ? Avaient-ils voulu jeter ce refus à la face de l'Eternel en moquant, insultant, torturant et tuant son envoyé ?

Il en faudrait des sacrifices et des prières pour effacer cette injure faite au Très-Haut. De quoi désespérer.

« Il reviendra ! »

Un cri perçant qui fit, soudain, sursauter Simon-Pierre. Une voix de gamin qu'il reconnut vite : Bartimée !

Tous s'étaient tus, surpris.

Marie-Madeleine se précipita. Pourquoi avait-il soudain crié ? Parce qu'il en avait assez, dit-il, de toutes leurs histoires. Il venait d'assister, silencieux, à un dialogue entre Philippe et Jacques, qu'il désigna de la main. Et Jacques rappelait un discours de Jésus qui n'était pas si vieux, c'était seulement deux ou trois jours plus tôt. Jésus parlait d'une sorte de grand bouleversement, quelque chose d'incroyable qu'il voudrait bien voir, lui, Bartimée : le soleil noircirait, les étoiles tomberaient du ciel, la lune, n'en parlons pas, elle n'existerait presque plus, et alors on verrait le Fils de l'homme – c'est ainsi qu'il s'appelait lui-même, Jésus –, apparaître dans le ciel[1]. Donc, c'était clair, il reviendrait. Alors, qu'ils cessent de se lamenter.

Voilà pourquoi il avait crié.

Plusieurs avaient haussé les épaules. C'était vrai, Jésus l'avait dit. Il avait même ajouté que des messagers le précéderaient ou l'accompagneraient, on ne savait pas trop, en jouant de la trompette. Mais bon. Ce n'était pas pour demain. Que faire en attendant ?

---

1. Mc 13, 24-27.

Ils se préparaient à reprendre leurs palabres ou recher-
cher leur sommeil quand s'éleva la voix de Philippe. Attention, dit-il, il importait de faire des distinctions. Certains
prophètes avaient annoncé de semblables événements. Par
exemple Isaïe, annonçant qu'un jour Yahvé, comme une
sorte de moissonneur qui sépare le bon grain de l'ordure,
glanerait un à un les fils d'Israël ; ce jour-là, on sonnerait
le grand cor, le shofar, et ceux qui se mouraient chez les
Assyriens et en Egypte seraient rassemblés[2].

D'accord, on pouvait imaginer que cette annonce d'Isaïe
concernait le retour des Hébreux au temple de Moïse,
même si Isaïe avait vécu plus tard, mais ce n'était pas certain après tout, ces paroles bibliques venaient de si loin, de
la nuit des temps, que lui, Philippe, laissait ces discussions
aux rabbis qui les adoraient tant, qui en raffolaient.

Mais il y avait bien plus. Ils connaissaient tous, du moins
ils devaient connaître, l'histoire des ossements desséchés
racontée par le prophète Ezéchiel.

Ayant dit, Philippe fit le tour des visages qui l'entouraient, quêtant leur approbation. Quelques-uns hochèrent
aussitôt la tête, en signe d'assentiment, mais deux ou trois
hésitaient, avant d'acquiescer, honteux peut-être de leur
ignorance, ne voulant pas la montrer. Alors, il fit mine de
s'adresser seulement à Bartimée pour lui conter l'étrange
aventure d'Ezéchiel, emmené par Yahvé dans une vallée
pleine d'ossements desséchés. Et le Très-Haut demandait
au prophète de parler à ces os. Parler à des os ! Inimaginable ! Pour leur dire quoi ? Qu'il mettrait sur eux des
nerfs, ferait repousser leurs chairs, tendrait sur eux de la
peau, et ainsi de suite. Ezéchiel obéit, parla aux ossements,
et ceux-ci se rapprochèrent, leurs chairs se développèrent,
se nourrirent de graisse, ils retrouvèrent leurs corps. Restait
à leur redonner l'esprit. Yahvé dit donc, toujours par la
voix d'Ezéchiel : « Je vais vous faire remonter de vos tom-

---

2. Is 27, 13.

beaux, mon peuple, et je vous ramènerai sur le sol d'Israël[3]. »

Bartimée écoutait, admiratif, passionné.

Son oncle interrompit Philippe : en réalité, dit-il, cette histoire était comme la précédente, elle annonçait le retour d'Egypte. A quoi Philippe répondit, aussitôt approuvé par Bartimée, que les ossements qui jonchaient le sol de cette vallée étaient évidemment ceux de braves Hébreux qui étaient morts, tout à fait morts si l'on pouvait parler ainsi. Donc, ce qu'annonçait Ezéchiel, c'est que les morts reviendraient à la vie. Et pas à la fin des temps. Pendant les temps.

Il répéta cette formule plusieurs fois, comme tout fier de l'avoir trouvée.

Le silence, désormais, était total.

Simon-Pierre n'était pas surpris des propos de Philippe. Il le connaissait depuis l'enfance, puisqu'ils avaient vécu dans la même ville. Il savait qu'il avait suivi Jean le Baptiseur avant de rejoindre Jésus. Et que Jean le Baptiseur avait eu des rapports avec les Esséniens, ces hommes si pieux et si bizarres. Or, ces gens-là croyaient aussi que la vie reprendrait après la mort. Ses connaissances sur ce sujet, Philippe les tenait sans doute de là.

Comme si leurs pensées s'étaient transmises, Philippe évoqua justement ce qu'on disait chez les Esséniens, à Qumran : un jour le Seigneur redresserait ses serviteurs, les justes ; ils se réjouiraient éternellement ; leurs os reposeraient toujours en terre, mais pas leurs esprits qui vivraient dans la joie[4].

Philippe ajouta que c'était bien le genre des Esséniens, qui avaient tendance à mépriser le corps, tout ce qui était chair et os, tout ce qui était matière, bien que Yahvé ait aussi créé la matière, la chair et les os. Mais, bon, ceux-là croyaient du moins que la vie ne s'arrêtait pas quand on tré-

---

3. Ez 37, 1-12.
4. Livre des Jubilés 23, 30-31.

passait. Ou plutôt qu'elle pourrait revenir. Pas pour tout le monde en tout cas : l'esprit des justes un jour revivrait.

L'oncle de Bartimée, une fois encore, l'interrompit. Au grand agacement d'André et de Simon-Pierre : qu'il laisse donc parler Philippe !

Mais le colosse galiléen ne s'en laissait pas conter. Philippe, dit-il, n'avait pas à aller chercher des appuis dans les idées des Esséniens. Connaissait-il le livre de Daniel, qui n'était pas très ancien ? Celui-ci disait qu'un grand nombre de ceux qui dorment au pays de la poussière – c'étaient ses mots – s'éveilleraient. C'étaient aussi ses mots[5]. Or, quand on s'éveille, c'est tout le corps qui s'éveille, qui commence à remuer, la tête encore engourdie, l'esprit qui ne sait pas encore très bien où il en est. Donc, les Ecritures, puisque ce livre-là en faisait partie bien sûr, on le lisait à la synagogue, avaient bien prévu qu'il y aurait une autre vie, pour l'âme et le corps.

Une véritable compétition était désormais engagée entre Philippe et le colosse. C'était à qui se montrerait le plus savant. Comme les rabbis sur les places des villes et des villages quand ils coupaient les cheveux en quatre, dissertaient à n'en plus finir sur un minuscule bout de phrase des Ecritures. Simon-Pierre s'en irritait, mais n'osa pas les interrompre, tant le silence des autres, de tous les autres, montrait qu'ils étaient passionnés par ces discussions.

Philippe était remonté à l'assaut. Il citait, cette fois, le livre des Maccabées, un texte plus récent, qui avait été d'abord écrit en grec à ce qu'on disait. Et c'était intéressant, soulignait-il, parce que les Grecs ou les gens qui pensaient comme eux séparaient complètement l'âme et le corps, jugeant celui-ci sans intérêt. Surtout après la mort. Pas comme les Egyptiens qui édifiaient d'immenses monuments pour les mettre à l'abri, les orner et les embaumer, leur offrir une sorte de vie nouvelle.

Or, que trouvait-on dans ce livre ? Un récit de la persé-

---

5. Dn 12, 1-3.

cution des frères Maccabées, sept garçons anonymes qui s'étaient révoltés pour la défense de la vraie foi alors qu'on voulait leur imposer les dieux des païens. Ces sept frères, comme chacun devait le savoir, avaient donc été martyrisés. Mais le deuxième frère, qui traitait le bourreau de scélérat, lui avait dit aussi que le Roi du monde, le vrai Roi, l'Eternel donc, les ressusciterait pour une vie éternelle. Et le troisième s'était montré plus précis encore, disant à ce maudit bourreau qu'il tenait tous ses membres du Ciel, et que le Ciel les lui rendrait[6]. Là, il n'était plus question pour les prophètes d'évoquer des chairs qui pourrissent et d'os qui deviennent poussière. Les sept frères, un jour, reviendraient avec tous leurs membres en bon état.

Philippe, parlant ainsi, remuait bras et jambes. Si bien que Bartimée rit aux éclats, libéré, joyeux.

Donc, Jésus, pensait-il, reviendrait un jour. Et sa grand-mère à lui, Bartimée, qui lui racontait de si jolies histoires de chevreaux qui parlaient et d'agneaux qui se poursuivaient dans les nuages, sa grand-mère reviendrait, avec sa voix si douce, ses yeux si brillants, les mains moins abîmées peut-être, moins rayées par les fers qui lui servaient à couper les légumes, des mains de fille encore jeune que regardent en cachette les garçons. Un jour...

Simon-Pierre, lui, avait l'esprit ailleurs. Il venait de remarquer que, dans tous ces récits et tous ces textes, les prophètes avaient parlé d'une vie après la mort qui existerait, ou qui reviendrait, à la fin des temps. Plus tard, donc. Il y aurait la mort, le Schéol où l'on ne savait pas très bien ce qui se passait, et enfin, plus tard, pour les justes, les fidèles, les croyants, un retour à la vraie vie. De cette vraie vie, ils avaient tous parlé au futur. Même les frères Maccabées.

Et Jésus ? Qu'avait-il dit, lui ?

L'oncle de Bartimée avait engagé un débat avec Philippe sur le livre des Maccabées. Puisque ce texte avait été

---

6. 2 M 7, 9-29.

d'abord écrit en grec, s'interrogeait-il, fallait-il lui accorder un total sérieux ?

Simon-Pierre éprouvait le besoin de réfléchir en paix.

Il s'écarta.

Marie-Madeleine l'avait suivi.

Il la vit d'abord arriver sans plaisir. Il éprouvait un immense besoin de paix, de silence pour réunir ses souvenirs. Et la voilà qui... Les femmes.

Il comprit vite qu'elle était agacée, comme lui, des interruptions incessantes du colosse galiléen.

Il hésitait : peut-être pourrait-elle lui venir en aide, gardait-elle en mémoire les paroles de Jésus sur son retour et sur la résurrection ? Mais si c'était le cas, elle s'étonnerait peut-être qu'il les ait oubliées, lui.

Tant pis. Il invoqua sa fatigue, expliqua qu'il voulait simplement se faire confirmer quelques points. Lui revint en mémoire, à ce moment – et il le ressentit comme une grâce, en loua un instant l'Eternel –, une controverse qui avait opposé Jésus, sur ce sujet précisément, aux Sadducéens, aux hommes du Temple.

Elle s'en souvenait également. C'était, lui rappela-t-elle, après qu'il eut chassé du Temple les marchands d'animaux destinés aux sacrifices, un geste fondamental à ses yeux, elle le répéta, mais il ne l'écoutait qu'à moitié. C'était donc deux ou trois jours avant que ses ennemis l'arrêtent. A un moment où ils cherchaient à s'en saisir. Et, en attendant, ils tentaient de le mettre en difficulté, de lui faire perdre la face devant la foule des pèlerins. C'est ainsi qu'ils l'avaient interrogé sur l'impôt dû à César. Parce qu'ils savaient bien que le peuple rechignait à le payer. Ils étaient vraiment hypocrites, ces gens-là, parce que, si le peuple était écrasé d'impôts, ce n'était pas seulement par les Romains mais aussi par eux, Grands Prêtres, prêtres et même lévites.

Elles répétait la scène avec ravissement : Jésus, sans se démonter, avec un léger sourire, un peu ironique, qui leur demandait de montrer un denier et soulignait qu'on y trouvait l'image de César. La conclusion était donc simple, logique. Il fallait rendre à César ce qui est à César. Mais surtout à l'Eternel ce qui est à l'Eternel[1]. Simon-Pierre fit remarquer qu'il ne fallait pas se tromper, que cette réponse ne mettait pas César et l'Eternel à égalité. Ce qui était dû à César, c'était l'impôt, et à l'Eternel, bien davantage évidemment. Mais il s'intéressait surtout à la suite, quand les Sadducéens avaient tenté de tendre un piège au Maître. Parce que, contrairement aux Pharisiens, qui étaient parfois leurs alliés mais parfois aussi leurs rivaux, ces Sadducéens ne croyaient pas à la résurrection, comme chacun le savait ou devait le savoir. Simon-Pierre se demandait si Marie-Madeleine avait connu ces distinctions mais hésita à l'interroger, y renonça vite, craignant de la blesser.

Donc, les Sadducéens avaient inventé une histoire compliquée. Ils étaient doués pour le faire, ayant l'esprit plutôt tordu, comme tous les vrais méchants. Ils rappelaient d'abord un commandement de Moïse : si quelqu'un a un frère qui meurt en laissant une femme sans enfant, une vraie catastrophe comme chacun le savait, « que ce frère prenne la femme et suscite une postérité à son frère[2] ». Tel était le commandement. Venait ensuite l'histoire inventée par ces maudits Sadducéens, l'histoire de sept frères – comme les martyrs Maccabées, ce n'était sans doute pas un hasard – dont l'aîné avait pris femme et mourut avant qu'elle fût enceinte, le deuxième aussi, le troisième également, et ainsi de suite jusqu'au septième compris. Une de ces histoires impossibles, bien sûr. D'ailleurs, la femme, en fin de compte, veuve de sept maris, mourut aussi.

1. Mc 12, 13-17.
2. Dt 25, 5.

Ayant raconté cette histoire abracadabrante, les Sadducéens avaient demandé de qui la femme serait l'épouse à la résurrection : du premier, du deuxième, ou qui encore ? Une question vicieuse évidemment. Simon-Pierre leur aurait volontiers répondu que puisqu'ils ne croyaient pas à la résurrection, cela ne les intéressait guère. Il le leur aurait même dit moins poliment. Jésus, il est vrai, ne les avait pas ménagés, les accusant d'ignorer à la fois les Ecritures et la puissance de Dieu. Et il leur avait répondu en deux points. Premièrement : quand on ressuscite, on ne prend ni femme ni mari, comme les anges. Deuxièmement : l'Eternel n'est pas un Dieu « de morts mais de vivants³ ».

Ce qui était clair, donc, c'est que, pour les Sadducéens, les ressuscités – à l'existence desquels ils ne croyaient pas, il fallait bien se mettre cela dans la tête – continuaient à vivre comme ils vivaient sur la terre auparavant, y compris mariage et sexe. Jésus, lui, ne disait pas qu'ils seraient tout à fait transformés en anges mais en autre chose. Avec d'autres corps semblait-il.

Là-dessus, Simon-Pierre avoua n'être pas très au clair. Quels corps ? Comment ? Voilà bien une question qu'il aurait aimé poser au Maître. Mais en ces jours si bousculés, où Jésus prenait sans cesse la parole comme s'il avait encore beaucoup à dire avant une mort qu'il sentait proche, ils n'avaient guère eu le temps de dialoguer beaucoup. Lui, Simon-Pierre en avait quand même parlé avec Barthélemy. Lequel lui avait répondu que les anges n'avaient pas besoin de se reproduire ; donc, à quoi bon avoir un sexe ?

A quoi bon ? Simon-Pierre aurait eu beaucoup à dire sur ce sujet. Mais il s'en abstint. Ce qu'il comprenait, lui, c'est que la toute-puissance de l'Eternel, dont Jésus avait parlé, faisait des ressuscités des êtres entièrement différents, avec d'autres bonheurs et d'autres joies. Et que lui, Simon-Pierre, ne pouvait pas plus l'imaginer que les Sadducéens. La différence, c'est qu'il le savait, tandis qu'eux, qui se don-

---

3. Mc 12, 18-27 ; Mt 22, 23-33 ; Lc 20, 27-40.

naient des airs, semblaient parfois mieux connaître le Très-Haut que le Très-Haut lui-même, ces maudits, donc, ne mesuraient pas sa toute-puissance.

Marie-Madeleine, alors, intervint. Elle n'était pas présente quand les Sadducéens avaient ainsi polémiqué avec Jésus. Mais on lui avait raconté la scène. Et il lui semblait que Simon-Pierre avait oublié de citer une phrase de Jésus où il était question d'Abraham, d'Isaac et de Jacob. S'en souvenait-il ? Pouvait-il préciser ?

Oui, il s'en souvenait. Et il cachait mal son dépit de l'avoir, auparavant, oubliée. Voici : Jésus avait rappelé que l'Eternel, lorsqu'il avait rencontré Moïse, s'était présenté comme l'Elohim* d'Abraham, d'Isaac et de Jacob.

Ils eurent, Marie-Madeleine et Simon-Pierre, la même pensée. Parvinrent, au même instant, à la même conclusion. Dans toute l'Ecriture, l'Eternel était l'Elohim des vivants. Des vivants seulement.

Pas des morts, qui sont toujours impurs et rendent impurs ceux qui les touchent. Donc, si l'Eternel se disait l'Elohim d'Abraham, d'Isaac ou de Jacob, cela signifiait qu'ils étaient encore vivants, toujours vivants, donc ressuscités. Et voilà pourquoi Jésus avait pu se moquer des Sadducéens et de leur ignorance, leur dire qu'ils étaient grandement dans l'erreur ! Pour lui, c'était simple : si l'on prêtait foi aux paroles de l'Eternel à Moïse, alors il fallait croire à la Résurrection.

Un fait frappa alors Simon-Pierre. Une idée lui vint qu'il s'empressa de transmettre à Marie-Madeleine, fier de lui : tous les prophètes qui avaient évoqué la Résurrection, tous ceux qu'avait cité Philippe, en parlaient au futur, comme un événement qui devait survenir à la fin des temps. Tandis que Jésus, quand il évoquait Abraham, Isaac et Jacob, les disait déjà vivants, donc ressuscités depuis leur mort si l'on pouvait parler ainsi, et bien des justes devaient l'avoir été, l'être, comme eux.

D'autres paroles de Jésus lui revenaient en mémoire. C'était, lui semblait-il, après la rencontre avec la Samaritaine près du puits que Jacob avait donné, bien des vies d'hommes auparavant, à son fils Joseph. Comme ils s'étonnaient tous qu'il ait parlé à une femme, et plus encore à une Samaritaine, il leur avait tenu un long discours. Sur la résurrection justement. Pour leur dire que le Père ressuscitait les morts, les faisait passer de la mort à la vie, et que le Fils pouvait en faire autant. Il avait ajouté que ceux qui l'écoutaient, lui, avaient la vie éternelle, passaient de la mort à la vie. Pas à la fin des temps, pas dans le futur comme le disaient les prophètes. Maintenant. Simon-Pierre en avait soudain le souvenir précis. Il avait bien dit : « maintenant[4] ». Après quoi, il les avait un peu secoués parce qu'ils ne croyaient pas assez en toutes ses paroles. Mais ce qui comptait, c'étaient ces mots : passer de la mort à la vie.

Simon-Pierre s'en voulait de ne pas y avoir réfléchi alors, de ne pas avoir gardé ces paroles comme un trésor. Ses amis pas davantage. Mais voilà, ils étaient jeunes. La mort, pour eux, était loin, ne les préoccupait guère. Leur mort du moins. Alors...

Marie-Madeleine le tira par la manche. Il lui semblait absent, perdu dans des pensées, une réflexion dont elle était exclue. Elle avait attendu, s'était montrée patiente, mais à présent cela suffisait.

Il comprit, se souvint qu'elle n'était pas avec eux lorsque Jésus avait rencontré la Samaritaine et tenu ces propos. Il lui expliqua, s'efforçant de rapporter les paroles exactes de Jésus, s'excusant, lui, Simon-Pierre, qui détestait reconnaître ses erreurs, de ne pas en avoir fait mention plus tôt.

Il fut interrompu par le gardien, le gros homme qui veillait dans la cour, qui se jeta presque sur lui, bredouillant. Et lui cracha presque au visage, l'haleine empuantie, qu'il savait qui avait hurlé le chant du coq, au petit matin.

En vérité, Simon-Pierre ne s'y intéressait plus. Il entendit à peine que c'était l'autre gardien, celui de la nuit, pressé de lui crier sa haine et ses reproches de lâcheté avant de quit-

---

4. Jn 5, 21-25.

ter son service. Et voilà qu'il était revenu, car la nuit approchait. Alors, si Simon-Pierre voulait s'expliquer avec lui...

Il haussa les épaules. Quelle importance ? Le morigéner ? Se battre ? À quoi bon ? L'autre repartit. Déçu, semblait-il.

Puisque la nuit approchait, Marie-Madeleine devait s'empresser de quitter enfin la Chambre Haute. Elle rappela à Simon-Pierre que le lendemain, dès l'aube, elle irait terminer l'ensevelissement de Jésus, et qu'elle comptait bien qu'il l'accompagnerait, qu'il ne tarderait pas, une fois de plus. Bien sûr, ce geste n'aurait plus le même sens puisque Jésus avait traversé la mort. Puisqu'il était vivant, autrement.

Elle le lui dit : « Il est vivant, aujourd'hui. »

Elle le répéta, comme pour s'en convaincre.

Simon-Pierre eut encore une pensée pour Judas. Jésus avait aussi parlé de « jugement ». Mais jugement ne signifiait pas toujours punition. Et savait-on ce qu'il adviendrait de Judas ? Jésus les avait tellement surpris, avec des idées si nouvelles. Impossible de conclure.

Marie-Madeleine l'avait laissé, pour saluer les autres.

Elle leur répétait : « Il est vivant, aujourd'hui », ajoutant que Simon-Pierre leur expliquerait tout, qu'il détenait la clé, qu'il leur ouvrirait les yeux.

Elle pleurait un peu. Simon-Pierre pensa que c'était peut-être de joie.

Il lui fit part d'une idée qui lui était venue, d'une lumière plutôt qui l'avait éclairé, une lumière brève, violente : après qu'il eut envoyé le gros gardien.

En fin de compte, dit-il, si Jésus avait été condamné et mis à mort, c'était sans doute parce qu'il demandait de faire évoluer les règles, parce qu'il se présentait lui-même comme la Loi, parce qu'il s'en prenait au Temple. Tout cela était vrai. Mais surtout, il demandait à chaque femme, à chaque homme, aux enfants aussi, de changer de vie, de se transformer au point d'aller jusqu'à l'impensable : aimer ses ennemis. Et c'est cela qui est insupportable. Et c'est peut-être cela que Judas n'a pas supporté.

Elle le regarda, comme éblouie par la même lumière.

Ils se tinrent un instant immobiles, face à face. Silencieux. Il n'avait pas de mots pour dire.

Elle eut un mouvement de la tête, comme si elle se cabrait, décidée. Fit signe qu'elle devait partir.

Il l'accompagna jusqu'au bas de l'escalier.

Les deux gardiens les attendaient. L'homme de la nuit en recul comme s'il craignait d'être battu.

Simon-Pierre leur répéta que Jésus était vivant, toujours vivant.

Elle ajouta qu'il était même plus vivant que les autres.

Ils semblaient ne rien comprendre à ces mots.

Marie-Madeleine esquissa un sourire, chuchota qu'il serait difficile de faire entendre un tel propos. Toujours difficile. Et s'esquiva, frêle, vive.

Le soleil du soir colorait de rose les terrasses et les murs.

POST-PROPOS

La Révolution chrétienne

Ils furent les premiers théologiens chrétiens. Mais ils l'ignoraient.

Ceux dont je viens de mettre en scène les sentiments et les débats ne savaient pas qu'ils allaient désormais approfondir, expliquer, pratiquer et propager une religion nouvelle. Et ils eussent été surpris, choqués, scandalisés qu'on le leur dise dès le deuxième jour. Même ensuite.

Car ils étaient d'abord des Juifs pieux. Et entendaient bien le rester.

Hostiles aux Grands Prêtres, certes. Différents des Pharisiens et des Esséniens aussi. Mais des Juifs pieux, des hommes et des femmes simples, croyants et courageux, qui avaient suivi un rabbi guère semblable aux autres, été séduits par sa parole, impressionnés par ses dons, enthousiasmés par son message, affermis dans leur foi.

Comme Judas, ils avaient cru que Jésus, messie attendu par leurs pères et les pères de leurs pères, et ainsi de suite depuis des siècles et des siècles, allait établir le Royaume de Yahvé sur Israël et au-delà d'Israël. Ils n'étaient pas certains de le comprendre tout à fait quand il disait que son Royaume n'était pas de ce monde ou, à l'inverse, déjà mystérieusement présent. Mais ils se montraient confiants, certains que la lumière se ferait, les éclairerait, radieuse et triomphale.

Or, rien ne s'est produit comme ils l'attendaient.

L'infamie et la souffrance de la torture et de la croix ont, la veille du sabbat, effacé les promesses, les bonheurs et les joies annoncés par leur Maître.

Ceux qui ne sont pas tout à fait désespérés tâtonnent, à la recherche d'explications solides ou rassurantes. Qu'ils tâtonnent, qu'ils s'interrogent, ce qui s'est passé ensuite, les questions qu'ils se sont posées, celles qu'ils ont lancées à Jésus ressuscité, le prouvent assez. Mais déjà, ils élaborent un commencement de doctrine chrétienne. C'est ce que j'ai voulu montrer dans ce récit, en condensant – il faut le souligner – sur une seule journée, et avec un petit nombre de participants, des débats qui se sont étendus bien au-delà, des années et des années durant, avec des acteurs bien plus divers et nombreux.

Car l'histoire du christianisme commence là. Et les premières explications qu'ils échafaudèrent orientèrent la plupart des interprétations au long des siècles.

Dans ce difficile travail de recherche, ils ont bien sûr utilisé un matériau de qualité exceptionnelle : leurs souvenirs. La mémoire de ce qu'ils avaient vécu avec Jésus et entendu de lui. Des souvenirs parfois déformés : on sait la fragilité des témoignages humains. Les gens de ce temps, en outre, avaient moins le souci de l'exactitude des faits qu'ils rapportaient que de leur sens. L'historicité de certains propos ou actes évoqués dans le récit que l'on vient de lire est donc douteuse. Je l'ai signalé dans plusieurs de mes livres précédents. Mais puisqu'il s'agit dans celui-ci d'évoquer la naissance de la foi chrétienne, je ne m'en suis pas tenu à la distinction devenue classique entre le Jésus de l'Histoire et le Christ de la foi. J'ai ainsi utilisé largement l'Evangile de Jean, bien que la version dont nous disposons, datant de la fin du Ier siècle, marque un premier aboutissement d'un travail de réflexion théologique poursuivi dans les décennies précédentes.

Certains des propos attribués à Jésus ne peuvent assurément pas être considérés comme des transcriptions littérales. Ils sont plutôt des développements de paroles que nous ne connaissons pas, le résultat de l'interprétation de ces paroles par les premiers chrétiens. Mais qui veut comprendre mieux l'origine du christianisme ne peut les ignorer.

Un second point, capital, doit être souligné avec insistance : les Juifs pieux mis en scène dans ce récit n'entendaient absolument pas rompre avec leur religion. Ils continuèrent au contraire à pratiquer son culte, à fréquenter les synagogues et même le Temple où régnaient leurs adversaires : les premiers chapitres des Actes des Apôtres le montrent assez.

Les bénéficiaires des apparitions de Jésus, après avoir rêvé de rentrer dare-dare en Galilée, restent pour la plupart à Jérusalem ou plutôt y reviennent, mais sans doute pas aussi vite que le laissent entendre les Actes des Apôtres (le chiffre de quarante jours entre la Pâque et l'Ascension est plus que probablement symbolique).

Pourquoi y reviennent-ils ? Parce que le Temple, à leurs yeux, est le lieu privilégié où Dieu est mystérieusement présent, mais en même temps absent car on ne peut évidemment l'enfermer. Car ils pensent et espèrent que Jésus reviendra en ce lieu pour achever son œuvre interrompue dans le drame. C'est là qu'ils l'attendent. Et ils jugent la fin des temps toute proche, bien des versets des Evangiles en témoignent. En outre, ils continuent à penser que c'est aux Juifs d'abord, aux Juifs exclusivement même, que s'adresse le message de Jésus, la Bonne Nouvelle.

Dans mon récit, j'ai évoqué leurs certitudes et leurs (rares) hésitations sur ce point. Il faudra attendre Paul et les années soixante pour que soit vraiment admis que « toutes les nations » doivent être évangélisées. Il faudra attendre Ignace d'Antioche, évêque au tout début du IIᵉ siècle, pour que des distances très nettes soient prises avec le judaïsme et ses pratiques, pour que soit écrit pour la première fois, dans une lettre adressée à plusieurs communautés, le mot « christianisme », pour que les deux religions soient, sinon en rupture complète, du moins en séparation totale.

Mais aussitôt après la mort, et des années encore après la Résurrection, les compagnons de Jésus gardaient une foi entière en leur Bible (qui est en réalité une collection de livres très divers, la Bibliothèque nationale et religieuse du peuple juif en quelque sorte).

A leurs yeux, ces textes ne racontaient pas seulement la création du monde et l'histoire d'Israël, celle des Alliances que Dieu avait conclues avec leurs pères : ils annonçaient ce qui allait advenir, la fin de l'Histoire. Il importait donc de faire concorder l'événement-Jésus avec ces annonces. Ils ont donc cherché dans les Ecritures – cet immense champ de littérature, de récits, de lois et de prévisions – les matériaux qui leur étaient nécessaires pour démontrer que tout était prévu, que l'aventure inouïe qu'ils venaient de vivre avec le charpentier de Nazareth réalisait ce qui était annoncé, se situait dans la continuité de ce que les chrétiens nomment l'Ancien Testament, était même l'accomplissement de celui-ci. Ils voulaient convaincre, et d'abord se convaincre eux-mêmes, qu'il n'y avait pas rupture, mais développement, accomplissement. Un rude travail, pas toujours convaincant : la crucifixion du messie, notamment, n'était absolument envisagée dans aucun verset d'aucun livre biblique. Ni, bien sûr, la mise en cause de la Loi. Et encore moins l'incarnation de Dieu, dogme essentiel de la foi chrétienne, hors duquel celle-ci serait vaine. Mais dogme inacceptable pour le judaïsme.

Or, la recherche par ces hommes qui ne voulaient pas rompre avec leur religion de références tirées des Ecritures a orienté fortement le christianisme. Jusqu'à nos jours.

Le texte le plus important et le plus significatif en la matière est l'Evangile signé Matthieu, longtemps considéré comme le premier, et qui a le plus fortement inspiré l'art chrétien au long des siècles : les chapiteaux des églises, comme les fresques, les retables et les tableaux des peintres en témoignent.

Matthieu, qui écrivait pour le public juif de son temps, ne cessa d'émailler son récit de citations de la Bible. Ou encore il multiplia les tournures du type « tout cela est arrivé pour que s'accomplissent les écrits des prophètes » (26, 56) ou « tout ceci advint pour que s'accomplît cet oracle prophétique du Seigneur » (1, 22) ainsi que « alors s'accomplit l'oracle des prophètes » (2, 17). Soucieux de convaincre les Juifs que tout était prévu, il souligna même des faits de mince importance. Ainsi, l'installation de Jésus à Capharnaüm, au début de ce qu'on appela sa vie publique, avait été annoncée, à l'en croire, par une prophétie : Matthieu écrit en effet qu'il « vint s'établir à Capharnaüm, au bord de la mer, sur les confins de Zabulon et de Naphtali, *pour que* s'accomplît l'oracle d'Isaïe* le prophète » (4, 13-14. C'est moi, bien sûr, qui souligne les deux mots « pour que »). Effectivement, un texte d'Isaïe évoque une « terre de Zabulon et terre de Naphtali » ajoutant « le peuple qui demeurait dans les ténèbres a vu une grande lumière » (8, 23 ; 9-1). Mais le rapprochement n'est guère convaincant...

Quant aux tortures et à la mort infligées à Jésus, qui ne correspondaient certes pas au sort du Messie attendu par Israël, Matthieu (mais aussi Jean) en vit l'annonce dans un chapitre d'Isaïe (53, 1-12). On y voit un personnage appelé « le serviteur souffrant » qui « a été transpercé à cause de nos crimes » : « Yahvé a fait retomber sur lui nos fautes à tous. Maltraité, il s'humiliait, il n'ouvrait pas la bouche, comme l'agneau qui se laisse mener à l'abattoir. »

Ce texte joua un rôle capital dans la doctrine chrétienne : il inspira tout une conception de la Rédemption sur laquelle il faudra revenir.

Notons, par ailleurs, que Matthieu et, dans une moindre mesure, les autres évangélistes convoquèrent d'autres prophètes afin de démontrer la continuité entre les Ecritures et l'événement-Jésus : Michée pour attester sa naissance à Bethléem, Zacharie pour expliquer son entrée triomphale à Jérusalem quelques jours avant la Pâque, David auteur présumé d'un psaume (110, 1) qui évoque un Seigneur assis à la droite de Yahvé, comme Jésus ressuscité siège à la droite du Père. Et ainsi de suite.

Dans cette recherche, les chrétiens des premiers temps n'eurent pas le sentiment d'interpréter abusivement les textes. La Mishna*, la loi orale des Juifs (finalement compilée dans un texte écrit), conseille en effet de « tourner et retourner » l'Ecriture « car tout est en elle ; contemple-là et que tes cheveux blanchissent, et ne bouge pas d'elle, car il n'est rien de mieux pour toi qu'elle » (Aboth 5, 22).

Donc, ils ont tourné et retourné l'Ecriture. Et comme les traîtres ne manquent pas dans les multiples histoires qu'elle raconte, ils y ont trouvé notamment des prédécesseurs de Judas.

Le destin de celui-ci, après la Passion, ne semble guère, pourtant, avoir beaucoup préoccupé les premiers chrétiens. Deux textes du Nouveau Testament, seulement, évoquent son destin.

D'abord, on ne s'en étonnera pas, l'Evangile de Matthieu. Il est le seul à raconter le suicide de Judas (27, 3-10). Ayant pris conscience de sa faute, celui-ci retourne chez les Grands Prêtres pour se déclarer innocent du sang de Jésus, comme s'il n'avait pas prévu que l'arrestation de celui-ci entraînerait sa mise à mort. Peu importe aux chefs du Temple. Ils lui répondent, sarcastiques : « Toi, tu verras. » Autrement dit : « C'est ton affaire ; ça ne nous regarde pas. » Notons au passage que, de la même manière, toujours selon Matthieu (27, 24), Pilate dit aux Grands Prêtres qu'il est innocent « de ce sang », ajoutant « c'est à vous de voir » ; autrement dit « c'est votre affaire ». Ce parallélisme n'est évidemment pas fortuit. La responsabilité de la mort est ainsi rejetée de l'un aux autres et des autres à l'un.

Judas, dès lors livré à lui-même, jette les pièces d'argent, prix de sa trahison, aux pieds des Grands Prêtres, dans le Temple. L'auteur du texte signé Matthieu se réfère évidemment à une citation de Zacharie (11, 13) dans laquelle Yahvé dit à ce prophète, à propos d'une complexe histoire de brebis : « Jette-le au fondeur, ce prix splendide auquel ils m'ont apprécié. » Et Zacharie s'exécute : « Je pris donc les trente sicles d'argent et je les jetai à la maison de Yahvé. » C'est-à-dire le Temple. Comme l'a fait Judas, selon Matthieu.

Désespéré, le traître va se pendre. Le récit, très sobre sur ce point, n'en dit pas plus : « Il se retira et s'en alla se pendre. » C'est que le judaïsme exécrait le suicide. Mais on trouve un autre exemple de pendaison dans l'Ancien Testament, celui d'un certain Ahitofel (2 S, 17-23). Ce récit-là est, à propos de l'acte lui-même, aussi sobre. Il se trouve que cet Ahitofel était un proche du roi David. Le parallélisme David-Jésus fut évidemment recherché.

Toujours selon Matthieu, les Grands Prêtres, ayant récupéré les pièces d'argent, sont quelque peu embarrassés : ils ne peuvent les remettre dans le trésor du Temple. Il n'est pas permis, en effet, d'offrir à la maison du Seigneur « le gain d'une prostituée ou le salaire d'un "chien" car [...] ils sont une "abomination" pour Celui-ci » (Dt 23, 19). Les Grands Prêtres décident donc d'acheter avec cette somme un terrain sans grande valeur qui sera destiné à la sépulture des étrangers et qui est appelé « le champ du potier ». Les ateliers des potiers étaient alors regroupés au sud de Jérusalem près d'un lieu – la vallée de Hinnòm – où avaient été célébrés jadis les sacrifices humains, avant que l'on y jette les restes des sacrifices d'animaux pratiqués dans le Temple. Matthieu écrit : « C'est pourquoi ce sang-là a été appelé "le champ du sang" jusqu'à aujourd'hui. » Il est impossible de savoir si cette appellation se réfère à la trahison de Judas ou au souvenir, chez les habitants de Jérusalem, des sacrifices anciens.

Pour conclure, afin de mieux souligner que tout était prévu, Matthieu cite le texte de Zacharie, évoqué ci-dessus, qu'il attribue, pour une raison inconnue, à un autre prophète, Jérémie.

L'accumulation des références à l'Ecriture est donc, ici, impressionnante. Mais non probante.

Une autre évocation de la mort de Judas se trouve dans les Actes des Apôtres. L'auteur de ce texte, très probablement Luc, cite un discours de Simon-Pierre prononcé après la Résurrection. Il s'agit, pour les apôtres, de choisir parmi les disciples un remplaçant de Judas afin de se retrouver de nouveau à douze (Ac 1, 15-26). Simon-Pierre évoque alors la mort de Judas, et c'est lui qui se réfère à l'Ecriture. Il évoque ainsi David, le roi-poète des Psaumes : par la bouche de celui-ci, dit-il, « l'Esprit saint avait parlé "d'avance de Judas" ». On ne trouve pourtant dans les textes attribués à David aucune référence plus ou moins claire à cette prédiction. Seulement dans le psaume 41, appelé généralement « Prière du malade abandonné », un verset (le 10ᵉ) qui dit : « Même le confident sur qui je faisais fond et qui mangeait mon pain hausse le talon à mes dépens. » L'auteur de l'Evangile signé Jean, soucieux lui aussi de montrer que tout était prévu, met ce texte dans la bouche de Jésus au soir du dernier repas : « Je connais ceux que j'ai choisis ; mais il faut que l'Ecriture s'accomplisse. Celui qui mange mon pain a levé contre moi son talon » (Jn 13, 17).

La phrase de Pierre et celle que l'Evangile signé Jean prête à Jésus dans le très long discours d'adieu de celui-ci à ses compagnons – un texte très théologique – accréditeront évidemment la thèse suivant laquelle Dieu avait voulu la mort de Jésus et choisi Judas comme instrument de la Passion.

Nous y reviendrons. Poursuivons l'analyse de ce discours de Simon-Pierre. Pour lui, Judas ne s'est pas repenti, ni donc suicidé, mais est mort par accident après avoir acheté lui-même un champ avec l'argent de sa trahison. Mal lui en a pris. Il est tombé en effet « la tête la première » dans ce terrain, son corps a éclaté « par le milieu » et « toutes ses entrailles se sont répandues ».

Un trait rapproche ce récit du texte de Matthieu. Simon-Pierre ajoute en effet que « la chose fut si connue de tous les habitants de Jérusalem que ce domaine fut appelé dans leur langue Hakeldama, c'est-à-dire "Domaine du sang" ». Et il conclut en citant le livre des Psaumes (69, 26) : « Que son enclos devienne désert et qu'il ne se trouve personne pour y habiter. »

La commune référence à un terrain « du sang » mérite attention, même si les deux textes diffèrent sur l'essentiel : le repentir de Judas. Certains ont, jusqu'à une époque récente, tenté de les harmoniser. On a même longtemps enseigné que Judas s'étant pendu à la branche d'un arbre celle-ci s'était cassée, provoquant sa chute sur une pierre pointue, laquelle avait percé son ventre... D'autres récits, postérieurs, appartenant à la foisonnante littérature chrétienne des premiers siècles, sont nourris de détails surprenants. La plupart se réfèrent également aux Ecritures.

Un texte signé Papias, composé au milieu du IIe siècle, montre Judas dépendu (par qui ?) avant qu'il n'étouffe et marchant « à travers le monde comme un exemple terrifiant d'impiété ».

Il y avait, en effet, de quoi être terrifié : le corps, enflé, était plus large que celui d'une voiture, les paupières gonflées au point de le rendre aveugle, « son sexe plus repoussant et plus grand que tout ce qui est sans pudeur ; de tout son corps coulait du pus[1] ». Et ainsi de suite... La triste destinée de Judas allait inspirer, au long des siècles, une abondante et imaginative littérature. Mais celle-ci ne dépasserait jamais en horreur un tel texte qui voulait décrire l'épouvantable avenir promis, sur terre déjà, aux plus grands pécheurs.

Il importe de souligner, au risque de trop se répéter, que certains des symptômes effrayants que décrit Papias paraissent dériver, eux aussi, de divers passages de l'Ancien Testament.

Enfin, les Evangiles apocryphes dont nous avons connaissance – bien des textes ont certainement été perdus – ne s'attardent guère sur le sort de Judas, quand ils évoquent l'existence de celui-ci. « Les actes de Pilate », qui datent du IVe ou du Ve siècle, signalent seulement qu'un coq – que la femme du traître faisait rôtir – ayant chanté trois fois, celui-ci « se fabriqua aussitôt une corde avec des joncs et se pendit »... Un « évangile de Barthélemy », datant de la même époque, est plus prolixe, mais également surprenant.

---

1. « Cinq livres d'explications des paroles du Seigneur », de Papias d'Hiérapolis. La traduction de certains extraits se trouve dans *Judas, un disciple de Jésus*, de Hans-Joseph Klauck (cf. Bibliographie).

L'épouse de Judas y joue un rôle important : elle pousse son mari à trahir (comme par hasard, dans plusieurs de ces textes, la responsabilité initiale est reportée sur la femme). Ce que Judas fait d'autant plus volontiers qu'il puisait déjà dans la caisse commune des apôtres pour lui apporter l'argent destiné aux pauvres. Satan, après la trahison, persuade Judas de se pendre en lui expliquant que, ensuite, lors de sa descente aux enfers, Jésus pris de pitié, l'en libérerait avec les autres âmes. Mais le Christ, en fait, selon le même texte, y laissa trois damnés : Judas, Caïn et Hérode.

« L'évangile de Judas », enfin, dont la redécouverte récente a fait quelque bruit, n'évoque pas du tout sa mort et encore moins sa punition puisque, selon ce texte, Judas était l'apôtre préféré de Jésus. Celui-ci le distingue des onze autres, s'adressant à lui comme au « treizième esprit » (ce qui, selon certaines hypothèses aventureuses, est à l'origine de la croyance au chiffre treize, comme porte-bonheur !). Mais surtout, il lui demande de le dénoncer afin de pouvoir mourir. « L'évangile de Judas », dans le texte dont nous disposons, montre donc les Grands Prêtres s'approchant de Judas pour lui demander ce qu'il faisait dans le Temple. Alors, « Judas leur donna la réponse qu'ils souhaitaient. Et il reçut de l'argent et le leur livra ».

On notera que ce texte, lui aussi, utilise, brièvement il est vrai, un texte biblique : les Psaumes. Qui pourrait s'en étonner ? La culture et la foi juive étaient modelées par ces textes fondamentaux. Elles allaient fortement orienter le christianisme.

Il faut, à ce stade, s'arrêter de nouveau aux interprétations de l'acte de Judas.

Fut-il traître ou saint ?

« L'évangile de Judas » incline à adopter cette deuxième hypothèse. Il fait de celui-ci un initié. Jésus, selon ce texte, a provoqué ses compagnons en demandant à celui qui est parfait de venir se présenter devant lui ; seul Judas réussit cet examen ; si bien que le Maître lui révèle, à lui seul, ce qu'il est vraiment et le sens de sa mission, bien différent de ce que rapportent les textes canoniques.

Selon ce texte, en effet, il n'existe pas un seul Dieu ; ils sont nombreux ; celui qui a créé le monde est un dieu inférieur, qui n'est pas tout-puissant. Le dieu de Jésus n'est pas le Dieu créateur des Juifs et allié avec eux, seulement un petit dieu, moralement discutable. C'est ce que Jésus est venu annoncer avant de quitter son « enveloppe charnelle » et de regagner le monde parfait de l'Esprit. Il est impératif pour lui, en effet, d'échapper à notre monde et à son créateur qui n'est qu'un rebelle sanguinaire. Il l'avait prévu et Judas le lui permet en le livrant.

Logiquement, ce Jésus-là qui ne demande qu'à s'échapper, ne ressuscitera donc pas, ne conclura aucune alliance avec l'humanité, la laissera seule avec son destin.

De toute évidence, ce texte rapporte les croyances d'une communauté gnostique. Le gnosticisme, qui oppose un Esprit transcendant à un dieu mauvais, créateur de la chair et du monde, fut très répandu dans les premiers siècles sous diverses formes. Elles sont toutes, bien sûr, contraires au christianisme pour qui Dieu s'est incarné en Jésus « vrai Dieu et vrai homme ». Mais elles ont toutes, aussi, imprégné jusqu'à nos jours le christianisme, comme le manifeste un certain mépris de la chair et du monde souvent enseigné dans les Eglises.

Dans cet évangile apocryphe, Judas est donc glorifié. Sans aller aussi loin, bien des thèses, développées même par certains Pères de l'Eglise, l'excusent quelque peu. Car il était, à leurs yeux, nécessaire. Judas *devait* exister pour que le Christ remplît sa mission. Il était donc prédestiné, condamné dès la naissance à devenir un instrument, celui qui amènerait Jésus à la mort.

Un thème qui fut assez bien résumé par Abélard (lequel ne fut certes pas considéré comme un Père de l'Eglise) et par Leibnitz (qui ne le fut évidemment pas davantage).

Abélard, théologien du XIe siècle qui fut condamné pour sa doctrine relative à la Trinité, est surtout connu pour ses relations amoureuses avec Héloïse, future abbesse, ce qui entraîna son émasculation sur l'ordre de l'oncle de celle-ci, le chanoine Fulbert. Dans l'un de ses nombreux écrits, Abélard s'était intéressé à Judas, en reprenant la thèse d'un vrai Père de l'Eglise (également condamné, il est vrai, mais pour d'autres raisons...), Origène. Origène, commentant l'Evangile de Luc, écrivit en effet que Judas, livrant Jésus, avait en quelque sorte exécuté la volonté de Dieu, qui souhaitait le sacrifice de celui-ci pour le salut de l'humanité.

C'est ainsi que l'on a généralement interprété la Rédemption, et c'est le sens que l'on donne très souvent au qualificatif « sauveur » quand on l'applique à Jésus. Abélard a donc écrit : « C'est par Dieu le Père que se fit la livraison du Fils, et elle fut faite par le Fils, et aussi par ce traître, puisque le Père livra le Fils, que le Fils se livra lui-même, comme le rappelle l'apôtre, et Judas livra son maître. Le traître, par conséquent, fit ce que fit aussi Dieu, mais est-ce à dire qu'il ait bien fait ? Encore qu'il fît une chose bonne, aucunement il ne la fit bien, c'est-à-dire de telle manière qu'elle lui profitât[2]. »

Traduisons : la volonté de Dieu était que le Christ s'offrît en sacrifice pour le salut du monde ; l'acte de Judas en facilita la réalisation ; mais il fut accompli pour de mauvaises raisons : l'attrait de l'argent.

Abélard ne dit pourtant pas que Judas avait été choisi, prédestiné. Une conception contraire à l'enseignement de Jésus sur la souveraine liberté des enfants de Dieu. Mais qui a beaucoup été enseignée, présentée souvent comme une programmation divine, sans recours, du sort de chaque individu. Il n'existe pourtant pas, par avance, selon les Evangiles, des sauvés et des condamnés.

Comme beaucoup d'autres, Leibniz, à la fin du XVIIᵉ siècle, s'est interrogé sur cette question. A propos de Judas notamment. Voici sa réponse : Dieu a trouvé bon, « de tout temps, qu'il existât un Judas », mais la dénonciation de Jésus serait une « action future libre ». Judas a péché parce que Dieu

---

2. Abélard, *Conférences et autres textes*, Paris, Cerf, 1993.

lui en a donné le pouvoir, comme il l'eût donné à un autre, mais aussi parce qu'il l'a lui-même voulu, il n'y était pas contraint[3].

Notons au passage que Jean-Paul II a écrit, en 1994, que l'enfer était peut-être vide, l'amour de Dieu pour l'homme interdisant que celui-ci soit « condamné à des tourments sans fin ». Une déclaration qui n'a guère eu d'échos en dépit de son importance et de sa nouveauté. Et le pape ajoutait : « Même si le Christ dit, à propos de Judas qui vient de le trahir : "Il vaudrait mieux que cet homme-là ne soit pas né !", cette phrase ne doit pas être comprise comme la damnation pour l'éternité[4]. »

Demeurent deux questions fondamentales évoquées dans mon récit. La première : Judas était-il nécessaire ? Formulons-la autrement : fallait-il que Jésus fût trahi pour que les Grands Prêtres s'en emparent ? A priori, non : ces jours-là, il prêchait dans le Temple, sans se cacher, discutait même avec leurs émissaires. Mais l'on peut rétorquer que l'arrêter en plein jour, parmi la foule, aurait pu provoquer un incident que les hommes du Temple voulaient éviter, sachant les Romains très sourcilleux à l'époque de la Pâque. Il est vrai qu'il suffisait de le faire filer par quelques-uns de leurs policiers pour le retrouver durant la nuit. Alors ? Il n'y a pas de réponse assurée à cette question.

La suivante porte sur l'existence même de Judas.

Qu'un personnage portant ce nom ait vécu parmi les compagnons de Jésus est plus que probable. Cependant, les épîtres de Paul – antérieures aux textes des quatre Evangiles canoniques que nous connaissons – l'ignorent totalement, les autres épîtres également. Tout comme Aristide, Grec converti qui écrivit au début du IIe siècle une apologie du christianisme, et Justin, autre Grec converti, philosophe qui enseigna à Rome à la même époque et publia divers ouvrages.

---

3. Leibniz, *Discours de Métaphysique*, Paris, Librairie philosophique Vrin, 1994.
4. Jean-Paul II, *Entrez dans l'espérance*, Paris, Plon-Mame, 1994.

Il est vrai que Paul donne peu d'informations sur la vie et la mort de Jésus : c'est leur sens qui lui importe. Et surtout, il faut le souligner, Judas est cité par les quatre Evangiles canoniques, cette fois unanimes. Or, sa trahison ne plaidant pas en faveur de la clairvoyance de Jésus, on peut penser qu'ils auraient volontiers oublié ou minoré un fait qui fournissait des arguments à leurs adversaires : ainsi Celse, farouche opposant au christianisme, auteur vers la fin du IIᵉ siècle d'un livre polémique, *La Parole de Vérité*, se demandait comment Jésus, s'il était Dieu, avait pu se tromper au point de choisir un tel personnage parmi ses compagnons.

Que ce Judas ait livré Jésus est un autre problème, bien qu'il y ait, là aussi, accord de la quasi-totalité des textes sur ce point. Reste que l'on peut s'interroger, comme finissent par le faire les personnages de mon récit, sur son rôle exact. N'a-t-il pas été amplifié ?

Ce fut sûrement le cas quand le christianisme prit son essor, entra en conflit avec la synagogue. Pour saint Augustin, au IVᵉ siècle, Judas représentait les Juifs. D'ailleurs, étymologiquement, « Judas » est relié à « juif » (*yehudi, ioudaios*). Son image a donc été largement exploitée par les antisémites, insistant sur son amour supposé de l'argent.

Enfin, il est devenu l'incarnation même du mal, et la haine du mal joue un rôle évident dans le développement du sentiment religieux. Marcel Pagnol, qui s'est intéressé à Judas comme tant d'autres littérateurs, lui fait dire : « Seigneur, Seigneur, pourquoi m'as-tu choisi ?... Pourtant, cette amertume, je l'accepte. Tu m'as chargé d'incarner la laideur des hommes, que Ta Volonté soit faite, et si je puis encore servir mon Maître en avouant le crime des crimes, je l'avoue[5]. »

Mais voici l'important : le geste de Judas est lié à l'interprétation que l'on donne de la mort de Jésus.

S'il a agi à l'instigation de celui-ci, ou avec sa permission,

---

5. Marcel Pagnol, *Judas*, Paris, Grasset, 1956.

une sorte de « laissez-faire », d'acceptation, c'est que Jésus a voulu s'offrir en sacrifice, mourir pour le salut des hommes. S'il a agi contre la volonté de Jésus, c'est que celui-ci ne voulait pas la mort, mais l'acceptait comme un risque de sa mission. Nous voici au cœur du problème posé par la Passion : quel est le sens de la mort de Jésus ?

Depuis que les hommes, sur toute la surface de la terre, ont cru en l'existence des dieux, ils les ont considérés comme des puissances cachées dont il fallait se concilier la bienveillance par des prières et des sacrifices. A commencer par des sacrifices humains. Ce qui exista chez tous les peuples. Aussi bien chez les Grecs, les Egyptiens ou les Juifs que chez les Aztèques. Il arrivait même souvent que la victime fût divinisée : chez les Aztèques le jeune homme mis à mort était considéré comme le dieu Tezcatlipoca. Le sacrifice du dieu est « l'une des formes les plus achevées de l'évolution historique du système sacrificiel », ont écrit les anthropologues Henri Hubert et Marcel Mauss[6].

Les premiers livres de la Bible admettaient le sacrifice humain mais le judaïsme a ensuite évolué – Dieu retient Abraham prêt à sacrifier son fils – sans aller jusqu'à la non-violence absolue incarnée par Jésus : le sacrifice a persisté mais les animaux étaient substitués aux hommes pour être tués dans le Temple. L'idée du sacrifice est toujours très présente dans la pensée, les rites et le culte au premier siècle de l'ère chrétienne.

Or, pour expliquer la Croix, ce scandale imprévu, inimaginable par eux, les compagnons de Jésus ne disposent que des conceptions de leur époque. Ce que j'ai appelé dans mon livre, *Le Dieu de Jésus*, la « boîte à outils intellectuels de leur temps ». Dans laquelle ils trouvent, évidemment,

---

6. Henri Hubert et Marcel Mauss, « Essai sur la nature et les fonctions du sacrifice », in Marcel Mauss, *Œuvres*, Paris, Editions de Minuit, 1968, t. I.

l'idée que c'est le sacrifice qui amène Dieu à pardonner aux hommes.

Le sacrifice peut s'interpréter de deux manières. Comme la plus haute expression du don de soi pour autrui : ainsi une mère qui se jette dans les flammes d'un incendie afin de sauver son enfant. Ou comme la monnaie d'un commerce avec la divinité : on se sacrifie, ou on offre un sacrifice, pour obtenir une grâce, une protection, ou le pardon de ses fautes.

C'est cette interprétation – l'expiation du péché – qu'a retenue la Loi de Moïse. Lorsque celui-ci rapporte à tout le peuple d'Israël, rassemblé dans le désert et en route pour la Terre promise, la teneur de sa rencontre avec Yahvé, il rappelle d'abord les dix commandements, « les dix paroles qu'Il [Yahvé] inscrivit sur deux tables de pierre ». Puis il ajoute : « Quant à moi, Yahvé m'ordonna en même temps de vous enseigner les lois et les coutumes que vous auriez à mettre en pratique dans le pays où vous pénétrez pour en prendre possession » (Dt 4, 12-14).

Moïse distingue donc bien ce qui vient de Yahvé directement – les dix commandements – des conclusions qu'il en tire lui-même, dans la ligne des commandements, bien sûr, conclusions qui forment une sorte de code rassemblant des règles très diverses. Qui ne les observe pas est maudit : « Si tu n'obéis pas à la voix de Yahvé ton Dieu, ne gardant pas Ses commandements et Ses lois que je te prescris aujourd'hui, toutes les malédictions que voici t'adviendront et t'atteindront » (Dt 28, 15).

Moïse énumère alors une série de malheurs terrifiants, jusqu'à la « destruction » dont sont menacés ceux qui ne respectent pas les commandements et les règles qu'il en déduit.

Comment y échapper ? En respectant la Loi bien sûr. Mais s'il arrive que l'on y contrevienne, en offrant des sacrifices.

Le Lévitique, troisième livre de la Bible, relate un discours de Yahvé à Moïse qui détaille avec un étonnant luxe de précisions les rituels des sacrifices en relation avec les fautes commises, à commencer par celles des prêtres.

Il faut souligner que le sacrifice, dans ce texte, ne requiert pas clairement le repentir du pécheur : il est efficace par son existence même, par son déroulement conforme dans le moindre détail aux indications du texte. Or, Jésus dit l'inverse. Quand il parle de la rémission du péché, il évoque d'abord non pas le rite mais les sentiments du coupable ; il promet le pardon à tout vrai repentir. Son enseignement est, sur ce point, contraire aux dires de Moïse. A aucun moment il ne demande de pratiquer le sacrifice. Quand il va au Temple, il ne le pratique pas. Au contraire, il condamne les marchands du Temple, ceux qui en sont les instruments – ceux sans lesquels on ne pourrait pratiquer les sacrifices au Temple. Ce que j'ai fait souligner, dans mon récit, par Marie-Madeleine.

Ouvrons ici une parenthèse : pourquoi ai-je donné une telle place à celle-ci ? Parce que, selon les quatre Evangiles canoniques, elle fut très proche de Jésus, l'accompagna jusqu'à la mort d'après trois d'entre eux, suivit Joseph d'Arimathie jusqu'au tombeau et fut la première à voir le crucifié ressuscité. Un texte apocryphe, *L'Evangile de Marie*, datant du milieu du IIe siècle, la présente même comme ayant bénéficié d'enseignements de Jésus ignorés par les apôtres[7]. Même si l'on ne tient pas compte de ce texte tardif, il est clair qu'elle a joué un rôle important.

On aura remarqué aussi que le récit n'évoque pas Marie, la mère de Jésus. C'est que, seul, l'Evangile de Jean mentionne sa présence au pied de la Croix dans une scène jugée symbolique par bien des exégètes[8]. En outre, aucun texte ne dit qu'elle ait bénéficié d'une rencontre avec le Ressuscité, ou n'évoque ce qu'elle a fait aussitôt après la Crucifixion. Selon les Actes des Apôtres, elle se trouve à Jérusalem après l'Ascension, quarante jours après la Pâque, avec les compagnons de Jésus : « Tous, d'un même cœur,

---

7. *L'Evangile de Marie*, traduit et commenté par Jean-Yves Leloup, Paris, Albin Michel, 1997.
8. Voir à ce sujet mon livre, *Marie*.

étaient assidus à la prière avec quelques femmes, dont
Marie, mère de Jésus et les frères de celui-ci » (Ac 1, 13-14).
Revenons au débat, capital, sur le sacrifice.

Que dit Jésus quand, armé de son fouet de cordes, il
chasse les marchands du Temple, c'est-à-dire certains
prêtres et leurs auxiliaires ? Ceci : « Ne faites pas de la maison de mon Père une maison de commerce » (Jn 2, 16). Il
ne condamne pas le commerce, activité légitime et utile.
Mais cette activité est un échange : argent contre marchan-
dise ou service rendu. C'est du donnant-donnant. Or avec
Dieu, dit Jésus, il n'y a pas de donnant-donnant. Il est le
Don parfait. Tout l'enseignement de Jésus est placé sous le
signe du pardon de Dieu (le préfixe *per*, en latin, est inten-
sif, il manifeste la perfection du don).

Pardon et non vengeance. On en trouve un signe, parmi
bien d'autres, mais combien significatif, dans l'Evangile de
Luc (4, 1-19). Il s'agit de la scène où Jésus, dont la réputation a grandi en Galilée, revient dans son village, Nazareth,
et va participer au culte le jour du sabbat. Le chef de la
synagogue le choisit – c'est une pratique habituelle en ce
lieu – pour lire un texte des Ecritures. C'est un passage du
livre d'Isaïe (61, 1-2) où il est écrit, dit Luc :

> *L'Esprit du Seigneur est sur moi,*
> *parce qu'il m'a consacré par l'onction.*
> *Il m'a envoyé porter la bonne nouvelle aux pauvres,*
> *Annoncer aux captifs la délivrance*
> *Et aux aveugles le retour à la vue,*
> *Rendre la liberté aux opprimés,*
> *Proclamer une année de grâce du Seigneur.*

L'auteur de l'Evangile arrête là cette citation d'Isaïe et
poursuit en indiquant que Jésus referme le rouleau, le rend
au servant et s'asseoit. Mais il a coupé une phrase dans
cette citation, et ce n'est certainement pas par oubli ou
hasard, une phrase qui suit immédiatement l'annonce de
« l'année de grâce du Seigneur ». Recomposons ce texte :

Proclamer une année de grâce du Seigneur
un jour de vengeance pour notre Dieu.

Il n'est plus question de la vengeance de Dieu infligée à l'humanité pécheresse.

Donc, l'idée que Jésus s'est offert en sacrifice pour arracher l'humanité à une malédiction due à une faute originelle est contraire à tout son enseignement. Joseph Ratzinger, devenu depuis le pape Benoît XVI, l'a écrit : « Certains textes de dévotion semblent suggérer que la foi chrétienne en la Croix se représente un Dieu dont la justice inexorable a réclamé un sacrifice humain, le sacrifice de son propre fils ; autant cette image est répandue, autant elle est fausse[9]. » Répandue par qui ? Les Eglises ont loué le sacrifice alors que Jésus l'avait condamné.

Jésus n'a pas voulu mourir pour s'offrir en sacrifice à son Père, cet autre lui-même. Il a pris le risque de la mort, sachant bien que son action, l'enseignement qu'il dispensait, dérangeait tellement, renversait tellement, qu'elle entraînait ce risque. Il l'a accepté, sachant aussi que sa crucifixion donnerait un autre sens à la mort, celle d'un passage et non d'une fin, que l'on pouvait vaincre la mort et qu'il le ferait, lui le premier, ouvrant la voie vers la lumière à tous les hommes.

Il n'est pas mort pour payer à Dieu une dette de l'humanité pécheresse.

Mais pour les Juifs pieux qui l'avaient suivi et accompagné fidèlement, le sacrifice représentait toujours l'acte suprême du culte rendu à leur Seigneur. Il n'est guère étonnant qu'ils aient ainsi interprété sa mort.

Par la suite, l'apôtre Paul développa cette interprétation. Soulignant qu'il avait personnellement reçu « la grâce » de la « connaissance du Mystère », il écrivit aux Ephésiens, avec autorité : « Vous pouvez vous rendre compte de l'intelligence que j'ai du mystère du Christ » (Ep 3, 2-4). Se

---

9. Joseph Ratzinger, *Foi chrétienne hier et aujourd'hui*, Paris, Mame, 1969.

targuant, donc, de cette « intelligence », il insista beaucoup sur le sens sacrificiel de la mort de Jésus. Dans la même lettre, sorte de grande méditation théologique, il affirme que le Christ « s'est livré pour nous, s'offrant à Dieu en sacrifice d'une agréable odeur » (Ep 5, 2). Et l'on sait quelle fut l'influence de Paul, l'audience qu'il obtint et qui en fit en un certain sens le fondateur du christianisme.

A peu près dans le même temps, l'auteur d'un texte appelé « Epître aux Hébreux », probablement un disciple de Paul, compara, lui, la mort de Jésus aux sacrifices pratiqués dans le Temple, ajoutant cependant que ce sacrifice était le dernier, qu'une autre époque commençait[10].

Reste que le langage sacrificiel envahit toujours la liturgie chrétienne. Ainsi, pour ne citer qu'un seul exemple, parle-t-on toujours du « sacrifice de la messe » alors que la messe commémore la Cène qui était avant tout un repas. Et que l'interprétation de la Croix réfutée par le théologien Ratzinger dans le texte que je viens de citer est toujours répandue. Y compris à Rome.

Je dois donc confesser que, faisant douter pour Marie-Madeleine, dès le deuxième jour, du sens sacrificiel de la mort de Jésus, je suis allé vite en besogne. Mais il s'agissait de montrer quelles questions radicales allaient affronter les Juifs pieux qui entouraient Jésus.

Il en est une autre. Plus rude encore s'il se peut.

Cette question est tellement rude pour les Juifs pieux, bouleversante, insupportable, indécente, obscène, qu'ils refusent de se la poser. Ceux que j'ai rassemblés dans ce récit interrompent donc leur réflexions et leurs débats dès qu'elle affleure à leurs esprit : elle ne *doit pas exister*. Puisqu'elle change tout. Puisqu'elle apparaît aux Juifs pieux comme le plus scandaleux des blasphèmes.

Il s'agit de la nature de Jésus.

---

10. Je me permets de renvoyer, sur tous ces points, à mon livre, *Le Dieu de Jésus*.

Ils ont vécu avec un homme. Ils ont cru d'abord qu'il s'agissait d'un rabbi. Puis d'un prophète. Puis d'un prophète qui dépasserait tous les autres. Puis du Messie. Puis... Rien de ce qui s'est produit ne devait arriver au Messie attendu. Et surtout pas sa mort.

Or, Jésus s'est présenté lui-même comme supérieur au Messie attendu.

Plusieurs épisodes souvent mal interprétés, de façon trop restrictive, le montrent bien. Il s'agit notamment de l'affaire du sabbat et des débats rapportés par les Evangiles à ce propos.

Pour les Juifs, le respect du sabbat n'est pas une règle mineure. Le sabbat est l'un des fondements de leur religion. Il s'agit de fêter la création. « Le chabbat est la fête de toute la terre. C'est l'anniversaire du monde », dit une sentence juive. Et une autre : « Le fait d'observer le chabbat équivaut à celui d'observer tous les commandements. » Pas moins. Ne pas travailler ce jour-là est une manière d'imiter Dieu. Des règles très précises en sont la conséquence. Il est même interdit de couper des fleurs.

Or, l'Evangile de Matthieu rapporte un épisode capital (Mt 12, 1-8) : alors que Jésus et ses disciples traversent des champs, ces derniers, qui ont faim, arrachent des épis pour en manger les grains. D'où la colère des Pharisiens. Jésus commence par leur répondre que « le jour du sabbat, les prêtres dans le Temple violent le sabbat sans être en faute ». Ce qui paraît évident : ce jour-là les activités des ministres du culte se multiplient. Mais ce n'est pas l'essentiel. La suite de sa réponse va beaucoup plus loin. Car Jésus ajoute : « Il y a ici bien plus grand que le Temple. » Où est donc cet « ici » bien plus grand que le Temple ? Pas dans les champs, bien sûr. Cet « ici » est constitué de Jésus et du cercle qu'il forme avec ses disciples. Le Temple n'est plus dans Jérusalem. Jérusalem, ce que représente Jérusalem pour les Juifs, n'est plus dans Jérusalem.

Jésus insiste. Toujours selon Matthieu, il cite le prophète Osée qui avait condamné vigoureusement le sacrifice. « C'est la miséricorde que je veux et non le sacrifice »

(Os 6, 6) afin d'inciter au pardon. Et Jésus, alors, affirme, il s'affirme lui-même avec force : « Le Fils de l'homme est maître du sabbat. »

Dans son livre *Jésus de Nazareth*, signé Joseph Ratzinger Benoît XVI[11], le pape cite un ouvrage de Jacob Neusner, « grand érudit juif », dit-il, qui commente longuement ce récit de Matthieu ainsi que les Béatitudes[12]. Neusner imagine qu'il fut mêlé lui-même à des Juifs qui ont écouté le Sermon sur la Montagne. Ils s'interrogent : Jésus, dans ce Sermon sur la Montagne, a-t-il omis quoi que ce soit qui figurait dans la Loi ? Non. A-t-il ajouté quelque chose ? Oui. Quoi ? Réponse : Lui-même. C'est-à-dire l'affirmation qu'il est la Source, la Parole de Dieu en personne, la Loi.

Commentant les déclarations de Jésus à propos du sabbat, Jacob Neusner, cité par le pape, écrit : « Jésus n'avait rien d'un réformateur rabbinique désireux de "faciliter" la vie aux hommes... Non il ne s'agit nullement d'alléger un fardeau... C'est l'autorité de Jésus qui est en jeu. » Et, plus loin : « Maintenant, le Christ est sur la montagne, maintenant il prend la place de la Torah. » Ce que le Juif croyant qu'est Neusner ne peut accepter.

Dans un autre épisode raconté par Matthieu (19, 16-22), un jeune homme riche interroge Jésus sur les conditions à remplir pour être « parfait ». Jésus lui répond par un bref résumé des commandements. Alors, le jeune homme : « Tout cela, je l'ai observé ; que me manque-t-il encore ? » D'ordinaire, ce que l'on retient de cet épisode est l'invitation lancée à ce garçon de donner ses biens aux pauvres. Mais la suite importe bien davantage : « Suis-moi », dit Jésus. Ce qui ne signifie pas simplement se joindre aux disciples qui l'accompagnent. Le commentaire de Benoît XVI est clair : « La perfection, le fait d'être saint comme Dieu est saint, tel que cela est requis par la Torah, consiste désormais à suivre

---

11. *Op. cit.*
12. Jacob Neusner, *A Rabbi Talks with Jesus*, Montreal, Mc Gille-Queen's University Press, 2000.

Jésus. » Jésus qui s'est placé au Centre. Qui est le Temple. Qui est la Loi.

Evoquons une hypothèse. Serait-il un ange déguisé en homme ? Non. Les anges ne sont pas au Centre. Les anges, dans la Bible, appartiennent à la « cour » de Dieu, sont souvent ses messagers (ce que signifie le mot grec *aggelos*). A aucun moment, dans les Evangiles, n'apparaît l'idée que Jésus puisse être un ange. Les anges le servent au désert après que le démon l'a tenté ; l'un d'eux le réconforte alors qu'il est entré en agonie. Il leur est donc supérieur. Ce que soulignera longuement (He 1, 5-14) le disciple de Paul auteur de la Lettre aux Hébreux. Les proches de Jésus semblent n'avoir jamais été tentés de voir en Jésus un ange travesti en homme. Cette hypothèse-là doit être écartée.

Quelle est donc, alors, sa nature ?

Un prophète égal à Moïse ? Non, puisqu'il se dit être lui-même la Torah alors que Moïse l'avait, lui, seulement – si l'on peut dire – reçue de Yahvé.

Alors, un autre Dieu ? Impossible pour le peuple juif qui a vaillamment défendu au long des siècles sa foi en un dieu unique. D'ailleurs lui, Jésus, appelle Yahvé « le Père ».

Donc, le Fils de Dieu ? Un homme de nature divine ? Un homme-Dieu. Un Dieu qui s'est fait vrai homme pour se révéler, montrer et dire qui il était, qui il est, réellement.

Ce sera difficile à admettre. En témoigne le texte, souvent cité, de Celse, le philosophe grec du IIᵉ siècle : « Que si certains parmi les chrétiens, ainsi que les Juifs, soutiennent qu'un Dieu ou un fils de Dieu est descendu ou doit descendre sur la terre comme juge des choses terrestres, c'est là, de leurs prétentions, la plus honteuse ; et il n'est pas besoin d'un long discours pour la réfuter. Quel sens peut avoir, pour un Dieu, un voyage comme celui-là ? Serait-ce pour apprendre ce qui se passe chez les hommes ? Mais ne sait-il donc pas tout ? Est-il donc incapable, étant donné sa puissance divine, de les améliorer sans dépêcher quelqu'un corporellement à cet effet ? Ou faut-il le comparer à un parvenu, jusqu'alors inconnu des foules et impatient de s'exhiber à leurs regards en faisant parade de ses richesses[13] ? »

Beaucoup pourraient reprendre aujourd'hui ces objections et ces questions. Car des milliards d'hommes croient en la divinité, en un dieu. Bien peu, en revanche, croient qu'un dieu ait été incarné, ait accepté, voulu prendre, la condition humaine dans tous ses registres, y compris dans ce qu'elle a de plus douloureux, misérable, physique.

Les compagnons de Jésus, même après la Résurrection, ont beaucoup peiné et cherché avant de l'admettre. Les mots qui leur sont prêtés dans les Actes des Apôtres, comme les termes employés dans les Épîtres, témoignent de véritables tâtonnements, sont loin en tout cas de l'affirmation du concile de Nicée (en l'an 325) où Jésus est défini comme étant « de même nature que le Père », Fils de Dieu pleinement égal à Dieu lui-même. Entre-temps, les Pères de l'Eglise auront eu à lutter contre des thèses diverses qui, si elles reconnaissaient la divinité de Jésus, niaient son humanité, ou encore, si elles reconnaissaient son humanité niaient sa divinité.

Les Juifs adoraient un Dieu que l'on ne pouvait voir que de dos, « le plus caché de ce qui est caché[14] », sage mais d'une sagesse non connaissable, intelligent mais non d'une intelligence connue, Maître des mondes, cause des causes, « jaloux, punissant la faute des pères sur les fils, sur la troisième et la quatrième génération pour ceux qui [Le] haïssent » (Ex, 20, 17), un Dieu coléreux (Is 5, 25) mais « clément et miséricordieux » (Ps 111), un Dieu qui, selon Isaïe (66, 1), considère que le ciel est Son trône « et la terre l'escabeau de [Ses] pieds », un Dieu soucieux de Sa « gloire » (66, 17), tout-puissant et tout autre.

Jésus, rapportent les Evangiles, annonça un Dieu qui se

---

13. Texte cité par Origène dans son pamphlet *Contra Celsum* ; cf. Pierre de Labriolle, *La Réaction païenne*, Paris, 1934 ; nouvelle édition, Cerf, 2005.

14. Selon Elie, cité dans la préface de l'un des livres (le quatrième) du Zohar, ouvrage majeur de la mystique juive qui prit rang auprès de la Bible et du Talmud*. On peut traduire Zohar par « Une de la Splendeur ». Il n'a circulé qu'à partir du Moyen Age.

montre, qui souffre, qui est humble, passionné de la terre et des hommes, qui est l'amour même, ne connaissant ni la jalousie, ni la haine. Et qui se fait homme.

Le christianisme est né du judaïsme, et lui doit beaucoup. Mais il en est issu comme une révolution naît d'une situation antérieure. Du passé, elle ne fait jamais totalement table rase. Elle en garde certains traits et en inverse beaucoup. Pourtant, elle s'en dégage avec peine. Car les mentalités des peuples évoluent lentement. Les mentalités religieuses surtout.

La Révolution chrétienne ne s'est pas dégagée vraiment de son origine. Elle est toujours marquée par elle, profondément. Elle n'est pas terminée. Ce qui se comprend aisément : Jésus a annoncé – et il est – un Dieu tout autre, aux attributs et à la personnalité tellement différents de ceux des autres religions – judaïsme compris –, différents de ce que les hommes ont toujours pensé, imaginé de la divinité, des divinités. Si bien que son enseignement n'est pas encore vraiment admis aujourd'hui.

Dans le récit que l'on vient de lire, ses compagnons, voici vingt siècles, s'interrompent donc, refusant parfois de réfléchir plus avant, comme on s'arrête devant un précipice ou un sommet trop haut dressé, jugé inaccessible, comme la pensée se bloque pour ne pas considérer l'impensable.

Judas, lui, est sans doute allé plus loin. Il en a tiré la conclusion. Ce Juif pieux s'est joint aux ennemis de Jésus. Ce qui ne signifie évidemment pas qu'il souhaitait le voir torturé et crucifié. Mais il avait discerné, avant ses compagnons me semble-t-il, ce que le message de Jésus signifiait. Une rupture totale avec la religion qui les avait unis et, dans un premier temps, rassemblés derrière le Nazaréen.

Certains ont voulu voir en lui le complice d'un Jésus qui voulait s'offrir en sacrifice pour réconcilier son Père avec l'humanité. Mais, contrairement à ce que l'on a beaucoup enseigné, ce n'est pas ce sacrifice que voulait Jésus.

Quelques-uns ont écrit (et beaucoup les ont crus) que Judas avait été attiré par quelques pièces de monnaie, et cédé à l'appât du gain. Mais Jésus aurait-il élu parmi ses intimes un homme capable de trahir pour une aussi piètre raison ?

La seule explication qui tienne est l'éblouissement et le refus.

L'éblouissement provoqué par la Révolution qui s'annonçait. Une révolution dont les dimensions ne seraient perçues que très lentement – l'Histoire en témoigne – par ses compagnons, les successeurs de ses successeurs.

Le refus d'être arraché à ses racines, de changer de culte, de perdre sa foi et celle de ses ancêtres, de la voir mourir autour de lui.

Judas, Juif très pieux, s'est dressé contre Jésus parce qu'il voyait poindre, le premier peut-être, l'aube de la Révolution chrétienne.

Qui se poursuit chaque jour. Qui le doit.

GLOSSAIRE

SOURCES ET COMMENTAIRES

Afin de ne pas alourdir le récit par de multiples et longues notes, sont rassemblés ici des précisions, compléments d'information, analyses, indications sur les sources, éventuellement commentaires sur le caractère, historique ou non, des événements rapportés.

Actes des Apôtres

Les Actes des Apôtres, ouvrage écrit vers 70 ou 80, relatent de manière partielle les débuts des premières communautés chrétiennes, depuis l'Ascension et la Pentecôte jusqu'à l'arrivée de Paul à Rome en 61. Il est très probable que ce texte ait eu en grande partie pour auteur l'Evangéliste Luc : le style est semblable, très littéraire et marqué par une bonne connaissance du grec. Luc, disciple de Paul, s'étend beaucoup dans cet ouvrage sur les voyages de celui-ci. La version dont nous disposons serait, selon certains spécialistes, la troisième, un premier texte ayant été écrit dans les années soixante.

Adonaï

Il existe dans la Bible de nombreux noms pour qualifier Dieu, chacun étant comme une tentative d'exprimer son être multiple aux puissances infinies. Quand Moïse, dialoguant avec Dieu qui l'envoie libérer les Juifs captifs en Egypte, lui demande son nom, il reçoit d'abord cette réponse : « Je suis celui qui est » ; puis celle-ci : « Yahwé » (Ex 3, 13-15) nom représenté par le tétragramme (quatre lettres) YHWH, tétragramme que l'on écrit, mais que l'on ne prononce évidemment jamais. On dit le plus souvent Adonaï (le Seigneur) ou El Lyon (le Très-Haut), El Olam (l'Eternel), El Chaddaï (le Tout-Puissant) ou enfin Elohim, un pluriel qui peut, parfois, se rapporter à des divinités païennes mais qui est fréquemment utilisé dans la Bible (la Genèse notamment) pour désigner le Dieu d'Israël.

Alexandre

Alexandre Jannée, Grand Prêtre et roi de Judée au Ier siècle av. J.-C. fit crucifier plusieurs centaines de Pharisiens. Son règne fut marqué de conflits politico-religieux entre groupes juifs, dont il existe des versions diverses. (*Voir* **Pharisiens**.)

Alliance

L'idée d'Alliance est fondamentale dans la Bible. Le mot hébreu *Berit* évoque un arrangement, un contrat qui engage les deux parties. Sa traduction en grec le rapproche plutôt d'un testament, qui n'est pas un contrat bilatéral mais un don. Dans la Bible, les Alliances résultent toujours d'une initiative divine par laquelle Dieu donne des biens ou des grâces à Son peuple. Celui-ci, de son côté, doit obéir à des clauses. L'engagement de Dieu est irrévocable, même si l'homme est infidèle. Chaque Alliance décrite dans la Bible marque une étape dans la connaissance de Dieu et de Ses commandements.

L'Alliance avec Noé, la première, s'adresse à l'humanité tout entière. Dieu garantit à Noé, après le déluge, le respect des lois de la Nature. Le signe de cette Alliance est l'arc-en-ciel. La clause qui concerne l'homme est d'ordre moral : ne pas tuer (Gn 9,6). Comme l'écrivait le P. François Varillon (*Eléments de doctrine chrétienne*, Ed de l'Epi, Paris, 1960), « Il n'y a pas d'Alliance avec Dieu sans alliance des hommes entre eux ».

L'Alliance avec Abraham concerne le peuple juif à qui est promise la terre de Canaan (territoire de la Syrie-Palestine ; Canaan était un petit-fils de Noé). Dieu, qui avait promis à Noé de ne pas intervenir dans l'ordre de la Nature, jure cette fois d'intervenir dans l'Histoire. Les hommes doivent obéir à leur conscience comme à Dieu. Le signe de cette Alliance est la circoncision de tous les descendants mâles, esclaves compris.

L'Alliance avec Moïse est conclue au Sinaï. Elle prolonge et précise l'Alliance avec Abraham. Une Loi plus détaillée est donnée à Israël, nation sainte et « royaume de prêtres ». Autrement dit, tout Israël est le prêtre du monde, de l'Eternel et des hommes. Le signe de cette Alliance est l'Arche d'Alliance, coffre en bois d'acacia destiné à contenir notamment les tables de la Loi. Les derniers textes bibliques qui évoquent la présence de l'Arche datent du VIIe siècle av. J.-C. Une réplique, appelée l'arche sainte, figure maintenant dans les synagogues, elle abrite les rouleaux de la Torah (*Voir* **Torah**.)

Pour les chrétiens, « la nouvelle et éternelle Alliance », évoquée notamment dans le canon de la messe, représente l'aboutissement de ces étapes : jusqu'à Jésus, Dieu et l'homme étaient liés par la parole donnée. Mais Jésus étant à la fois vrai Dieu et vrai homme (l'Incarnation) unit de manière indissoluble la Divinité et l'Humanité. Il est lui-même l'Alliance.

Apôtres

Le mot apôtre (du grec *apostolos* ; en araméen, langue usuelle de Jésus, on dit : *seliah*) signifie littéralement « ceux qui ont été envoyés en mission et qui maintenant en reviennent ». Ce mot, les Evangiles ne le mettent jamais dans la bouche de Jésus. L'Evangile de Marc, le plus proche dans le temps des événements qu'il relate, dit que Jésus, dans les débuts de sa prédication et alors qu'il comptait bien des disciples, « en institua Douze pour être ses compagnons et pour les envoyer prêcher, avec pouvoir de chasser les démons » (Mc 3, 13-14). Il en donne la liste, ce qui n'est pas le cas de tous les Evangiles. Il existe d'ailleurs une légère différence entre les listes données par Marc et Matthieu d'une part, Luc d'autre part : un certain Thaddée, cité par les deux premiers, n'apparaît plus chez Luc. Jean, lui, ne donne jamais une liste formelle des Douze (appelés ainsi en référence aux douze tribus d'Israël : Jésus leur dit [Mt 19, 28] : « Vous siégerez sur des trônes pour juger les douze tribus d'Israël »).

Plusieurs des Douze sont inconnus : ainsi, Barthélemy (cité dans les listes de Marc, Matthieu et Luc mais nulle part ailleurs dans le Nouveau Testament), Judas fils de Jacques (à ne pas confondre avec Judas Iscariote) qui alterne sur les listes avec Thaddée et dont on ne sait rien de plus ; Jacques fils d'Alphée (les Juifs utilisant peu de prénoms, on les distinguait par celui de leur père ; l'Eglise a pris coutume d'appeler celui-ci « le petit », pour des raisons assez obscures).

Pierre est toujours mentionné en tête des listes des Douze dans les Evangiles. Il s'appelait en hébreu Simon (Syméon en grec) et c'est Jésus qui le surnomma Céphas (Kepa en araméen). Ce qui est traduit en grec par Petros, en français par Pierre ; il est nommé Simon-Pierre dans ce livre, mais ses contemporains, pour la plupart, disaient seulement Simon (d'ailleurs, dans les Evangiles, quand Jésus s'adresse directement à Pierre, il l'appelle toujours Simon).

André est le frère de Simon-Pierre, pêcheur comme lui. Mais, dans l'Evangile de Jean, il est plus souvent cité en compagnie de Philippe. Ils semblent avoir été tous deux des disciples de Jean-Baptiste.

Matthieu est parfois confondu (notamment dans l'Evangile signé Matthieu, texte dont il n'est pas directement l'auteur) avec Lévi, percepteur ou « collecteur de taxes », appelé par Jésus à être disciple. Mais on ne sait pas s'il s'agit d'un seul et même personnage.

Thomas, qui figure sur les listes des Douze publiées dans les Evangiles de Marc, Luc et Matthieu, n'apparaît nulle part ailleurs dans ces textes, mais joue un rôle assez important dans celui de Jean, comme un personnage plutôt critique – qui pousse donc Jésus à s'affirmer – et se montre incrédule après la Résurrection. L'évangéliste Jean l'appelle trois fois « didyme », ce qui signifie jumeau. Mais on ne sait pas qui est le jumeau.

Simon le zélote, ou le Cananéen, figure sur les listes des apôtres mais n'apparaît pas ailleurs. Il était peut-être appelé Cananéen, comme étant originaire de Canaan, le territoire qui rassemblait Syrie et Palestine, mais l'araméen *gan'anaya* le désignerait comme « ardent ». Ce qui se conjuguerait bien avec le terme de zélote. Il importe, ici, d'éviter une confusion : il y eut des zélotes en Israël, autrement dit des rebelles, des insurgés, mais ils ne sont apparus qu'à la fin des années soixante, bien après l'événement-Jésus. « Zélote », pour ce Simon-ci, signifierait donc plus simplement zélé, très pieux. Zélé, pour tout dire, dans la défense de la Loi mosaïque. Se rallier à Jésus était donc peut-être plus difficile pour lui que pour d'autres.

Jacques et Jean sont fils de Zébédée, patron pêcheur assez riche pour avoir des ouvriers et proche voisin de Simon-Pierre. Autant qu'on le sache, Jacques fut le premier des Douze à être martyrisé.

Il ne faut pas confondre Jean avec l'auteur du quatrième Evangile (mais il a peut-être été à l'origine de ce texte qui eut quatre versions successives ; celle dont nous disposons date de la fin du Iᵉʳ siècle).

Jésus a surnommé *Boanergès* les deux frères. Ce que l'évangéliste Marc a traduit par « Fils du tonnerre ». Pour certains linguistes, la bonne interprétation serait « Ceux qui ont une voix forte ». Mais bien des exégètes donnent à ce terme une explication psychologique : Jacques et Jean auraient été plutôt vifs, impétueux.

Un problème plus complexe est posé par la mention dans l'Evangile de Jean d'un « disciple que Jésus aimait ». Il est présent au dernier repas, selon le même Evangile, ce qui semble indiquer qu'il s'agit d'un apôtre (13, 23-26). Le même texte l'appelle aussi « l'autre disciple » (18, 15). Bien des exégètes doutent de l'historicité de ce personnage. D'autres pensent qu'il a réellement existé, sans jouer un rôle de premier plan, et que Jean a voulu en faire le symbole de l'excellent disciple. Pratiquement aucun spécialiste n'attribue la qualité d'être spécialement aimé par Jésus à un apôtre. Il faut rappeler que Jésus avait, évidemment, bien d'autres disciples que les Douze.

Des informations sur les Douze sont données notamment dans le *Dictionnaire du Nouveau Testament* du P. Xavier Léon-Dufour (Paris, Ed. du Seuil, 1975). John P. Meier, professeur de Nouveau Testament aux Etats-Unis, auteur d'une véritable somme intitulée *Un certain Juif, Jésus*, dont la rédaction complète n'est pas encore terminée, consacre aux apôtres une étude d'une centaine de pages dans le troisième volume de son livre (Traduction française, éd. du Cerf, 2005).

Arrestation de Jésus

Elle est rapportée dans Matthieu 26, 47-56 ; Marc 14, 43-52 ; Luc 22, 47-53 et Jean 19, 2-11.

Le lieu dit Gethsémani, où Jésus et ses compagnons se sont rendus après le dernier repas, est proche du mont des Oliviers, voire sur celui-ci. On pense qu'il s'agissait d'une plantation où se situait un pressoir à huile (c'est le sens du terme hébreu-araméen *gat-semani*, traduit en grec par *teghsémani*). Les quatre Evangiles s'accordent pour raconter qu'un des apôtres – Simon-Pierre, selon le texte signé Jean – voulut défendre Jésus, coupa avec une épée l'oreille du « serviteur du Grand Prêtre » et se fit réprimander par le Maître. Mais ils diffèrent sur les circonstances exactes de ce geste.

Les exégètes et les théologiens ont beaucoup discuté et disserté – sans parvenir à une conclusion claire – sur l'historicité et le sens de cet incident ainsi que sur les propos de Jésus. Pour expliquer que celui-ci ne veuille pas être défendu par ses amis, le texte signé Matthieu et celui de Marc lui prêtent une référence aux Ecritures : « Comment alors [dit Jésus selon Matthieu] s'accompliraient les Ecritures d'après lesquelles il doit en être ainsi.» Et le même Evangéliste conclut ce passage en écrivant : « Tout cela est arrivé afin que soient accomplies les Ecritures des prophètes » (Mt 26, 51-56).

On retrouve ici un point capital signalé dans mon « Postpropos». Les Evangélistes se trouvaient devant un problème difficile : la personnalité de Jésus et surtout sa crucifixion ne correspondaient guère à ce qu'attendait Israël du Messie. Il fallait donc souligner que les prophètes l'avaient annoncé. Matthieu notamment veut convaincre que Dieu a écrit du commencement à la fin tout ce qui « doit être », que tous ces événements correspondent à un plan direct élaboré de longue date. Quatorze fois dans son Evangile, il écrit donc : « Tout ceci est arrivé pour accomplir ce que le Seigneur avait dit par la bouche de son prophète qui... »

En réalité, comme le pense soudain Simon-Pierre dans mon récit, Jésus manifeste là une attitude non-violente. Il veut désarmer pour que les hommes apprennent, un jour, à désarmer.

Auguste

L'origine de ce mot signifiait « digne de révérence », comme un dieu. Le premier empereur romain, un petit-neveu de Jules César, reçut ce titre en 27 av. J.-C. et régna jusqu'en 14 apr. J.-C. Dans la mesure où il était considéré comme un dieu, les Juifs qui pratiquaient le culte du Dieu unique ne pouvaient accepter dans Jérusalem aucun emblème à son image, situation qui provoqua des incidents, avec Pilate notamment.

Barabbas

Tous les Evangiles sont d'accord : les Romains détenaient un prisonnier nommé Barabbas, à la suite d'une émeute (Luc, en 23, 19, ajoute que celle-ci avait été accompagnée d'un meurtre). Son nom a suscité beaucoup d'hypothèses. La plus plausible est que Barabbas signifie « fils d'Abba » : les prénoms étant alors peu nombreux, on distinguait les individus, comme on le sait, en rappelant le nom de leur père. Ainsi, s'il y avait eu plusieurs Jésus à Nazareth, on eût appelé Jésus « Bariosèph » (fils de Joseph). Aucun texte connu de l'époque n'évoque l'émeute dont parlent les Evangiles, ce qui incline à penser qu'elle ne fut pas très importante. Dans son livre *Jésus de Nazareth* (cf. Bibliographie), Benoît XVI s'appuie sur l'Evangile de Matthieu, disant que Barabbas était « un prisonnier bien connu » – ce qui n'est pas évident –, pour considérer qu'il s'agissait d'un des « résistants les plus éminents » aux Romains. Et il en conclut que, au moment du choix offert par Pilate entre Jésus et Barabbas, « deux figures messianiques s'opposent ». Le choix, dit-il, est donc « entre un Messie qui est à la tête d'un combat, qui promet la liberté et son propre royaume, et ce mystérieux Jésus qui proclame de se rendre soi-même pour trouver le chemin vers la vie ». D'où cette remarque désabusée du pape : « Faut-il s'étonner que les foules aient préféré Barabbas ? »

Centurion

Officier romain commandant une centurie (cent hommes en principe, mais le chiffre réel pouvait être bien inférieur, jusqu'à soixante). Une légion, unité fondamentale de l'armée romaine, comptait, à l'époque de Jésus, 6 000 hommes répartis en 10 cohortes, 30 manipules et 60 centuries. L'empereur Auguste, qui considérait l'Orient comme pacifié, n'avait placé que quatre légions en Syrie et Palestine, ainsi que trois en Égypte. En Galilée, Samarie et Judée, les effectifs militaires permanents étaient peu nombreux. Les centurions pouvaient se voir affecter des tâches administratives ou judiciaires. Dans le Nouveau Testament, les centurions sont pratiquement toujours présentés de façon positive. Ainsi, les Actes des Apôtres mettent-ils en avant le cas du centurion Corneille, commandant une cohorte basée à Césarée (où siégeait le préfet romain), qui fut le premier « païen » à se convertir, lors d'une rencontre assez mouvementée avec Simon-Pierre (Ac 10, 1-31).

Chema Israël

Chema (écoute) est le premier mot du verset où s'exprime la profession de foi fondamentale des Juifs : le Seigneur est le Dieu d'Israël, et il est le seul Dieu. Le Chema est au centre des offices quotidiens du matin et du soir.
Telle qu'elle est décrite dans ce récit, notamment en ce qui concerne la prière du Chema, la liturgie juive correspond aux données du *Dictionnaire encyclopédique du judaïsme* publié sous la direction de Geoffrey Wigoder (cf. Bibliographie).

Christ, chrétien

Le grec *Christos*, équivalent du mot hébreu *Machiah*, ou de l'araméen *Masiko*, signifie « oint », c'est-à-dire étroitement allié à Dieu. Dans l'histoire d'Israël, l'Oint du Seigneur par excellence est le roi qui sauvera définitivement ce peuple, « Son peuple », et établira pour toujours Son royaume universel. Lors de l'arrivée des mages à Jérusalem, telle que la conte l'Evangile de Matthieu, Hérode demande aux prêtres où doit naître « le Christ » (Mt 2, 4). Caïphe, lors du procès de Jésus, somme celui-ci de dire s'il est « le Christ, le fils de Dieu » (Mt 26, 63 ; Mc 14, 61) et Pilate demande au peuple s'il doit relâcher Barabbas ou « celui qui est appelé Christ » (Mt 27, 17).

Cependant, Jésus qui sait n'être pas le roi attendu par ses contemporains – un futur chef d'Etat – a d'abord recommandé à ses compagnons de ne pas l'appeler ainsi (Mt 16, 16 et 20 ; Mc 8, 29-30 ; Lc 24, 26). Il ne revendiquera ce titre qu'au moment de mourir (Mt 26, 64) et, selon Luc (24, 26) après sa résurrection. Le mot Christ est alors très employé, dans les Actes des Apôtres et les Epîtres, notamment celles de Paul.

Selon les Actes des Apôtres (11, 26) le mot « chrétien », appliqué aux fidèles de Jésus, a été utilisé pour la première fois à Antioche (capitale de la Syrie romaine, aujourd'hui en Turquie) sans doute par les autorités romaines, en tout cas par des païens. Les Juifs, eux, appelaient encore ces disciples des « Nazaréens » (Ac 24, 25).

Craignant-Dieu

C'est le nom donné alors aux non-Juifs attirés par la foi de Moïse et qui pratiquent éventuellement des rites juifs ou certaines règles de la Loi.

Crucifixion

L'exécution d'un condamné en le crucifiant est un supplice romain. Un pieu était planté dans le sol. Les Romains y ajoutaient une poutre transversale (*patibulum* en latin) appliquée au sommet du poteau, formant alors un **T**, ou plus bas dans une encoche. Le condamné devait porter lui-même cette poutre au lieu du supplice après avoir subi la flagellation. Le sort réservé au cadavre différait selon les règles romaines et les règles juives, comme il est indiqué dans le récit. Pour obtenir que le corps de Jésus lui soit remis, Joseph d'Arimathie est allé le demander à Pilate (Mc 15, 42-45 ; Mt 27, 57-58 ; Lc 23, 50-52 ; Jn 19, 38). Les quatre Evangiles signalent la présence des femmes lors de la crucifixion. Pour Jean, elles étaient « près de la croix », pour les trois autres, « au loin ». Mais, selon les textes romains, les parents n'étaient pas autorisés à s'approcher du corps de leur crucifié (cf sur ces points Raymond E. Brown, *La Mort du Messie*, chapitres 41 et 46 (cf. Bibliographie). Celui-ci considère, comme la plupart des exégètes et au terme d'une analyse minutieuse, que le récit par l'Evangile de Jean de la scène où Jésus mourant confie sa mère à son disciple est davantage une construction théologique qu'un fait historique). Il faut noter que, seul des quatre Evangélistes, Luc (23, 49) signale la présence lors de la Crucifixion des « amis » de Jésus, les autres ne parlant que des femmes. Ce point a suscité de multiples questions et interrogations chez les exégètes, débat qui ne s'est pas terminé, jusqu'à présent, par une conclusion claire. Un seul point fait l'unanimité : les Evangélistes ont surtout voulu insister sur la présence des femmes.

Dates et heures

Si l'on suit la majorité des spécialistes et aussi le récit de la Passion dans l'Evangile de Jean, Jésus est mort le « jour de la préparation de la Pâque », c'est-à-dire le 14 du mois de Nisan (qui s'étendait entre mars et avril). Or, selon Marc et Jean, Jésus est mort un vendredi. A l'époque où Pilate était préfet en Palestine, deux vendredis ont correspondu au mois de Nisan : l'un en l'an 30, l'autre en 33. La plupart des spécialistes optent pour le 7 avril 30.

Par ailleurs, il importe de souligner que l'heure est, à cette époque, pour les Juifs, variable suivant les saisons. On divise en douze parties égales le temps qui sépare le lever du soleil de son coucher ; on obtient donc douze heures dont la durée est changeante, plus courte bien sûr l'hiver que l'été. La nuit, elle, est divisée en deux autres heures d'égale durée entre le coucher du soleil et son lever. Les heures nocturnes peuvent donc être longues.

La journée ne commence pas au milieu de la nuit mais au coucher du soleil. Le deuxième jour après la mort de Jésus a donc commencé au soir de la Crucifixion.

Denier

(*Voir* **Monnaies.**)

Dernier repas de Jésus et de ses compagnons

Il est appelé communément la Cène (du latin *Cena* : repas du soir). Les Evangiles (Lc 22, 7-13 ; Mc 14, 12-16 ; Mt 26, 17-19) racontent que Jésus demande à ses compagnons de suivre, « en entrant dans la ville », un homme portant une cruche d'eau, qui les emmène jusqu'à une maison où ils sont attendus ; le propriétaire les conduit à l'étage, dans une « grande pièce garnie de coussins » où ils prennent le repas. Les Actes des Apôtres expliquent qu'après l'Ascension les compagnons de Jésus se « tenaient habituellement » dans cette « Chambre Haute ». Après avoir cité les Douze, ce texte ajoute : « Tous d'un même cœur étaient assidus à la prière avec quelques femmes, dont Marie mère de Jésus et avec les frères de celui-ci » (Ac 1, 13-14). On peut donc penser que la Chambre Haute fut après la mort de Jésus un point de ralliement ou un refuge pour ses compagnons, ce qui permet de supposer aussi que Jésus avait des soutiens à Jérusalem.

Quant au repas lui-même, il existe un débat entre spécialistes afin de savoir s'il s'agissait d'un repas « pré-pascal », d'un repas pascal anticipé volontairement par Jésus, ou d'un repas fraternel auquel il donna une « coloration pascale ». On peut consulter sur ce point (cf. Bibliographie), *Essai sur les origines du christianisme* d'Etienne Nodet et

Justin Taylor, (qui, soit dit en passant, considèrent que le repas eut lieu dans une auberge) ; et aussi *La Mort du Messie* de Raymond E. Brown ainsi que *Un certain juif Jésus*, de John P. Meier.

Docteurs de la Loi

(*Voir* **Scribes**.)

Elohim

L'un des noms de Dieu.

Esséniens

Les Esséniens sont devenus célèbres à la suite de la découverte, en 1947, des manuscrits de Qumràn, lesquels, pourtant, ne les nomment pas ainsi, préférant l'expression « Gardiens de l'Alliance » par laquelle ils se désignaient eux-mêmes. Il semble que ce soient les Pharisiens qui les appelaient « Esséniens » (de l'araméen *hasin* qui signifie « les pieux »). Ils formaient une secte dont les membres se jugeaient seuls habilités à connaître et à observer la volonté de Dieu. Ils considéraient que le Temple de Jérusalem était profané par une caste sacerdotale illégitime qui offrait des sacrifices impurs.

En raison de leur hostilité au Temple, certains ont tenté de les rapprocher de Jésus, voire de représenter celui-ci comme un membre de leur secte, ou un de leurs anciens disciples. Ce qu'aucune source ne permet de penser. Certaines ressemblances existaient certes entre leur doctrine et les commandements de Jésus. Mais les différences sont bien plus importantes. Ainsi, les Esséniens observaient rigoureusement les règles de pureté (allant jusqu'à l'interdiction de déféquer le jour du sabbat...) alors que Jésus rejetait un respect exagéré des points mineurs de la Loi. De même, les Esséniens pratiquaient un ascétisme, lors des repas pris en commun notamment, qui n'avait rien à voir avec les dîners détendus de Jésus (indiqués plusieurs fois dans les Evangiles) en compagnie de gens considérés comme des pécheurs. Enfin, les Evangiles, s'ils évoquent volontiers les discussions de Jésus avec les Pharisiens et les Sadducéens, ne parlent jamais des Esséniens. Comme s'ils ne vivaient pas dans le même monde...

Ecritures

Les extraits des Ecritures (que les chrétiens appellent l'Ancien Testament) cités dans ce livre sont tirés des traductions actuelles de ces textes. Ils peuvent différer quelque peu de ceux que connaissaient leurs lecteurs du temps de Jésus. D'autant qu'il existait alors deux corps différents des livres saints : l'un en hébreu et l'autre en grec. Le texte grec, appelé « Septante », est une traduction destinée aux Juifs dispersés à travers la Méditerranée, réalisée au IVe siècle av. J.-C. Cette traduction fut entreprise en Egypte, peut-être à Alexandrie. Elle doit son nom au nombre de personnes qui y ont travaillé : soixante-douze ou soixante-dix, selon les sources. Elle fut très utilisée par les chrétiens, et de plus en plus décriée par les Juifs.

Entrée de Jésus à Jérusalem

Les Evangélistes, contant les épisodes de la passion, se sont attachés à montrer qu'ils correspondaient aux annonces faites dans les Ecritures. Ce qui leur paraissait d'autant plus nécessaire qu'Israël attendait un Messie glorieux et vainqueur et non un Messie crucifié. L'entrée de Jésus à Jérusalem monté sur un âne correspond à un texte attribué au prophète Zacharie (mais qui a eu vraisemblablement deux auteurs différents). Ce texte dit :

Tressaille d'allégresse, fille de Sion !
Pousse des acclamations, fille de Jérusalem !
Voici, ton roi s'avance vers toi ;
Il est juste victorieux,
Humble, monté sur un âne
Sur un ânon tout jeune (Za 9, 9).

Mais après avoir souligné ce signe d'humilité, la suite de texte revient à l'idée d'un Messie triomphant :

Il proclamera la paix pour les nations,
Sa domination s'étendra d'une mer à l'autre (Za 9, 10).

Evangiles

Les Evangiles ne sont pas des biographies, mais des textes issus de la tradition orale, des faits et des paroles que se répétaient les premières communautés chrétiennes, de récits, propos et adages, mis ensuite par écrit dans le but de convaincre et de convertir. Ces récits mêlaient des constructions théologiques destinées à montrer que Jésus était le Messie attendu par les Juifs, le Fils de Dieu, Dieu lui-même, et aussi des informations fiables vérifiées aujourd'hui par des recoupements et des découvertes récentes.

De nombreux textes ont ainsi été publiés par des communautés chrétiennes qui reprenaient des traditions orales différentes ou qui étaient destinées à des publics divers. L'Eglise en a finalement retenu quatre, dits « canoniques », qui sont signés Marc, Luc, Matthieu et Jean. Les trois premiers sont qualifiés de « synoptiques » parce qu'ils présentent la même vue d'ensemble. Bien plus : certaines parties de leurs écrits sont pratiquement semblables. Les Evangiles, en effet, comme la plupart des textes sacrés, sont divisés en petits paragraphes appelés « versets » : or, sur les mille soixante-huit versets de l'Evangile de Matthieu, six cents environ sont les mêmes que chez Marc. Chez Luc, on retrouve également trois cent cinquante versets semblables à ceux de Marc.

Bien entendu, les styles et quelques détails diffèrent.

L'Evangile de Marc semble avoir été écrit le premier, probablement avant 70, l'année de la destruction du Temple de Jérusalem, par un disciple de Simon-Pierre. Très proche des faits – une quarantaine d'années après la mort de Jésus –, il semble avoir été destiné à des non-Juifs. L'affirmation de la divinité de Jésus y est d'abord timide. Dans un premier temps, en effet, Simon-Pierre reconnaît que Jésus est le Christ, c'est-à-dire le Messie d'Israël (Mc 8, 29). Puis, à la mort de Jésus, c'est un païen, le centurion romain qui vient d'assister à celle-ci, qui reconnaît en lui le Fils de Dieu (Mc 15, 39).

L'Evangile de Matthieu, destiné à des judéo-chrétiens, a été écrit vers l'année 80, et une première version (qui nous est inconnue) aurait été rédigée en araméen. Ce texte entend démontrer que tout ce qui est arrivé était prévu par les Ecritures (ce que les chrétiens appellent « l'Ancien Testament »). Il est, en outre, sévère envers les Pharisiens qu'une vive polémique opposait aux chrétiens à l'époque de sa rédaction.

L'Evangile de Luc aurait été écrit, selon plusieurs auteurs du IIe siècle, par un Syrien, originaire d'Antioche, médecin et compagnon de Paul. Il est de style grec, très littéraire. Les spécialistes discutent beaucoup de sa date. Aux yeux de la plupart, elle se situerait vers l'année 80, peu après celle du texte de Matthieu.

L'Evangile de Jean, tel que nous le connaissons, est le résultat de plusieurs versions successives (au moins quatre semble-t-il). Des quatre évangiles canoniques, c'est celui qui souligne le plus nettement la divinité de Jésus. Certains mettent en cause, non sans quelques raisons, son apport « historique », d'autant qu'il utilise souvent des symboles. Il est pourtant, par ailleurs, celui qui donne le plus de précisions sur les lieux où Jésus a agi et prêché. Son auteur final n'est pas l'apôtre qui portait ce nom.

Les évangiles dits « apocryphes » ne sont pas reconnus par les Eglises chrétiennes comme correspondant à leur foi et leurs règles. Ils ont donc été écartés, après des débats parfois vifs. Le mot « apocryphe » ne signifie pas « faux » mais « secret, caché ». Datant, pour la plupart, du IIe siècle, donc plus éloignés des faits que les « canoniques », ces textes témoignent de ce que croyaient les diverses communautés chrétiennes de cette époque, désireuses de convertir leurs contemporains, qui étaient avides de merveilleux. Beaucoup d'apocryphes se sont perdus. Deux d'entre eux ont été consultés, entre autres, pour la rédaction de ce récit. Tout d'abord « l'évangile de Pierre », qu'il ne faut pas attribuer à l'apôtre, et dont on a retrouvé des fragments à la fin du XIXe siècle en Egypte. Ce texte contient de grossières erreurs, indique par exemple qu'Hérode était le maître à Jérusalem et que Pilate, le gouverneur romain, lui était soumis ! Mais, sur le récit de la Passion, il se rapproche parfois des Evangiles de Marc et Matthieu.

L'évangile de Marie concerne en réalité Marie-Madeleine. Retrouvé, bien sûr, sous forme de copie à la fin du XIXe siècle, il daterait du milieu du IIe siècle. Il présente Marie-Madeleine comme une « initiée » à laquelle Jésus aurait transmis des enseignements inconnus des apôtres. Lesquels, jaloux, ne l'apprécient guère, du moins dans un premier temps.

Evangile de Judas

La publication récente de l'évangile de Judas a fait grand bruit. D'autant qu'on a prétendu que ce texte avait été volontairement dissimulé au long des siècles et qu'il apparaît comme une réhabilitation de Judas. En réalité, les exégètes en connaissaient l'existence, signalée dans le traité *Contre les hérésies* écrit à la fin du IIe siècle par l'évêque de Lyon, Irénée. Celui-ci en dénonçait le contenu, mais le texte avait disparu, ce qui est le cas de beaucoup d'apocryphes, la plupart d'entre eux étant sans doute perdus pour toujours.

La version de l'évangile de Judas que l'on a retrouvée est une traduction en copte, langue issue de l'égyptien ancien. Elle aurait été découverte à la fin des années soixante-dix en Moyenne-Egypte et serait passée entre plusieurs mains – pas toujours désintéressées et pas toujours soigneuses – avant d'être montrée, en juillet 2001, au professeur Kasser de l'université de Genève.

Il s'agit d'un texte d'inspiration gnostique, une forme de spiritualité qui privilégie la connaissance, l'ignorance étant considérée comme plus dramatique que le péché. Dans « l'évangile de Judas », Jésus a choisi ce dernier pour l'initier à la connaissance des réalités supérieures et en a fait son complice pour quitter la terre en mourant. Lui demandant de le livrer à ses ennemis, il assure : « Tu les surpasseras tous car tu sacrifieras l'homme qui me sert d'enveloppe charnelle. » Le terme d'enveloppe charnelle rappelle une thèse très répandue dans les premiers siècles suivant laquelle Jésus n'était pas un homme véritable mais en aurait pris seulement l'apparence. C'est l'Incarnation, fondement même du christianisme suivant lequel Jésus-Christ est « vrai Dieu et vrai homme », qui est ainsi niée.

La thèse selon laquelle Jésus a voulu mourir, s'offrir en sacrifice à Dieu pour expier les péchés du monde, ne nie pas l'Incarnation et peut également se concilier avec l'idée que, souhaitant être livré à ses ennemis, il a eu recours à un complice, Judas. Cependant, cette thèse est de plus en plus combattue par les théologiens. L'un des plus célèbres et des plus reconnus, Joseph Ratzinger l'a écrit (voir p. 161).

Le texte de l'évangile de Judas accompagné de présentations et commentaires a été publié en 2006 sous le titre *The Gospel of Judas* aux Etats-Unis par la National Geographic Society, éd. française Flammarion, 2006.

Femmes qui accompagnaient Jésus

Que des femmes aient fait partie des disciples de Jésus est attesté à plusieurs reprises dans les Evangiles, par exemple par Marc (15, 40-41). Il donne les noms de certaines d'entre elles qui ont assisté à la mise en croix, ajoutant que « beaucoup d'autres encore étaient montées avec lui à Jérusalem ». Luc, lui (8, 2), cite celles qui le suivaient dans ses prédications en Galilée, notamment Marie-Madeleine, Jeanne, Suzanne et plusieurs autres qui aidaient son groupe « de leurs biens ». Cette présence de femmes, assez nombreuses, parmi les disciples de Jésus (certaines sont citées plus souvent dans les Evangiles que plusieurs apôtres) tranche évidemment avec les usages du temps. Sur la place faite aux femmes dans la société de cette époque, on trouvera des indications dans *Le Monde où vivait Jésus*, d'Hugues Cousin, J.P. Lémonon et Jean Massenet (cf. Bibliographie), *Le Dieu des premiers chrétiens*, de Daniel Marguerat (cf. Bibliographie) ; et *La Société juive à travers l'Histoire* (coll. sous la direction de Shmuel Trigano, t. I, Ed. Fayard, 1992). Dans *La Femme au temps de la Bible* (Ed. Stock, 1993), Josy Eisenberg dresse un panorama plus général et cite des exemples de femmes dont le rôle fut important, voire capital.

Galiléens

C'est en Galilée, région nord de la Palestine, que Jésus vécut et prêcha le plus longtemps. Ce petit territoire avait été envahi par les Assyriens et les Chaldéens, venus les uns et les autres de l'est, et la construction par Hérode Antipas de la ville de Séphoris avait contribué à en faire une terre d'immigration, peuplée en bonne partie de fidèles d'autres religions, considérés par les Juifs comme païens. La Galilée, plus fertile que la Judée, la région sud, était donc plus riche et objet de jalousie. Elle produisait des olives très prisées, dont l'huile était exportée aux quatre coins de la

Méditerranée. Le blé galiléen jouissait d'une égale réputation.

Les Galiléens, à l'accent particulier, étaient considérés comme plutôt rustauds par les Judéens.

L'idée que le Messie puisse venir de Galilée ne pouvait guère être acceptée par eux.

Les Galiléens, en outre, ne se montraient pas très dociles, ni aux Judéens ni aux Romains. Peu après l'an 6, un certain Juda le Gaulonite, de la ville de Gamala, sur la rive occidentale du lac de Tibériade, poussa ses compatriotes à la révolte, pour des raisons fiscales. L'impôt représentait près du quart des revenus de la terre, sans compter les importants impôts religieux dus au Temple et à la caste des prêtres. En outre, l'homme ne devant reconnaître qu'un seul maître, Dieu, payer l'impôt à l'empereur romain était en quelque sorte lui permettre de supplanter Dieu. L'insurrection de Juda le Gaulonite s'éteignit assez rapidement. Jésus avait alors une dizaine d'années et dut en garder quelque souvenir. D'autant que la question du paiement de l'impôt revenait fréquemment dans les esprits. Elle lui fut posée par ses contradicteurs, ce qui leur attira la très célèbre réponse : « Rendez à César ce qui est à César et à Dieu ce qui est à Dieu » (Mt 22, 17-29 ; Mc 12, 13-17 ; Lc 20, 20-26).

Les tensions sociales étaient vives en Galilée où les paysans, petits propriétaires souvent endettés, travaillaient dans le même temps comme salariés dans de grands domaines. Encore leur fallait-il trouver de l'embauche. Un certain chômage existait. De nombreuses paraboles de Jésus font allusion à ces situations. Notamment, celle dite des « ouvriers de la onzième heure » (Mt 20, 11-16).

Un autre point mérite d'être souligné : comme il arrive souvent quand plusieurs communautés coexistent, les Juifs de Galilée se montraient d'autant plus pieux et soucieux de respecter leurs rites qu'ils souhaitaient marquer leur différence.

Golgotha

Région de jardins et de tombeaux, au nord-ouest de Jérusalem, où Jésus fut crucifié. Elle tire son nom de l'araméen *golgolta*, qui signifie crâne, peut-être parce qu'il s'agissait d'un tertre arrondi, d'une butte rappelant vaguement le sommet d'une tête. Des traditions remontant aux IIe et IVe siècles et des fouilles archéologiques récentes semblent concorder pour indiquer qu'il s'agit à peu près du lieu où a été édifiée l'église du Saint-Sépulcre, à Jérusalem.

Grand Prêtre

(*Voir* Sanhédrin, Pharisiens et Sadducéens.)

Hérode et ses fils

Né en 73 av. J.-C., Hérode le Grand eut dix femmes et sept fils. Roi de Judée à trente-deux ans, il étendit son pouvoir avec l'aide des Romains, dont il se proclamait l'ami, et régna finalement sur les quatre provinces de Palestine (Judée, Samarie, Galilée et Pérée, la moins connue, à l'est du Jourdain). Dictateur sanguinaire, il était détesté. « Mieux vaut être le porc d'Hérode que son fils », aurait dit l'empereur romain Auguste. Il est vrai qu'Hérode fit périr trois de ses fils car, dans ses dernières années, il ne voyait plus qu'ennemis à massacrer, au sein de sa propre famille pour commencer. Après sa mort, en – 4 av. J.-C., qui fut suivie de funérailles somptueuses dignes des empereurs romains, ses fils se disputèrent l'héritage. L'aîné, Archélaüs, selon la volonté d'Hérode, devait régner sur la plus grande partie du pays. Mais le Romain Auguste, méfiant, lui refusa le titre de roi. Ce qui était prudent : presque aussitôt une révolte éclata contre lui, le palais royal fut détruit, l'armée réagit par des massacres sans parvenir à limiter le mouvement. Les Romains durent intervenir. Finalement, en l'an 6 apr. J.-C., l'empereur Auguste décida d'exiler Archélaüs en Gaule, selon certaines sources, à Vienne. Son territoire devint une province romaine.

Hérode Antipas (le grec *antipatros* signifie « à la place du père ») frère cadet d'Archélaüs, est né en 22 av. J.-C. Il fut nommé par les Romains tétrarque (gouverneur) de Galilée et de la Pérée en 4 av. J.-C. Il répudia sa première femme pour épouser, en dépit de la loi juive, Hérodiade, qui était à la fois sa nièce et la femme de son demi-frère. Il s'installa à Tibériade et fit construire dans le style grec la ville de Séphoris, tout à côté de Nazareth. Finalement, les Romains l'exilèrent, peut-être en Gaule, comme son frère, en compagnie d'Hérodiade. Celle-ci est restée célèbre en raison de la part qu'elle a prise au meurtre de Jean-Baptiste après que celui-ci eut vivement reproché à Antipas son mariage avec elle. A l'occasion d'un festin pour l'anniversaire du roi, elle fit danser devant lui sa fille Salomé. Très séduit, il lui promit de lui accorder ce qu'elle lui demanderait. Ce fut la tête de Jean-Baptiste, alors prisonnier d'Antipas.

Impureté

La pureté physique, aidant à atteindre la pureté morale, est chez les Juifs une condition indispensable pour approcher l'Eternel, pour entrer dans la zone sacrée que Dieu s'est réservée dans le monde profane. Dans la Bible, tout un chapitre du livre appelé Lévitique est consacré aux règles relatives au pur et à l'impur. Lesquelles règles semblent inspirées par de très antiques traditions ou tabous religieux.

Pour la purification du corps, l'eau joue un rôle essentiel. Chaque jour, le lavage des mains doit être pratiqué en diverses occasions, à commencer par le réveil. La purification totale est atteinte par l'immersion dans l'eau ou dans un bain rituel appelé « mikvé ». Ce que doivent observer, par exemple, les prêtres du Temple avant chaque service.

L'homme peut devenir impur en bien des circonstances. D'abord par le contact avec un cadavre (y compris par l'intermédiaire d'objets). Et, même si aucun contact n'a existé, il est impératif de se laver les mains après une visite au cimetière. La lèpre (le mal que l'on qualifiait ainsi dans la Bible différait beaucoup de la lèpre connue aujourd'hui) est un autre motif d'impureté. Les écoulements des organes sexuels également. Enfin, les règles alimentaires étaient très strictes. Ainsi, les végétaux et les fruits devenaient impurs s'ils étaient au contact d'un liquide, qu'il s'agisse même de la rosée, de l'huile ou du lait. Ces lois sont désormais obsolètes.

Dans les livres de l'Exode, le Lévitique et le Deutéronome, la Bible dresse des listes d'animaux propres ou impropres à la consommation. Les animaux autorisés – une dizaine – sont tous des herbivores qui ont le sabot fendu. Sont interdits le chameau, le cheval ou le lièvre qui ruminent mais n'ont pas le sabot fendu. Et enfin le porc, dont le sabot est fendu mais qui ne rumine pas. Tous les mammifères doivent être vidés de leur sang (non seulement par l'égorgement, mais aussi par des opérations complémentaires comme la plongée dans l'eau froide). Sont interdits les poissons sans nageoires et écailles, mais aussi les fruits de mer et les crustacés. Les insectes aux pattes articulées (les sauterelles par exemple, dont se nourrissait Jean-Baptiste) sont seuls autorisés. Enfin le mélange, lors d'un même repas, de produits lactés et carnés est interdit (exception : si l'on commence par le lait, on peut manger la viande sans attendre, à condition de s'être rincé la bouche ; en revanche, après la consommation de viande, il faut respecter un délai, parfois assez long).

Jésus a mis en cause les interdits alimentaires, soulignant que « rien de ce qui pénètre du dehors dans l'homme ne peut le souiller parce que cela ne pénètre pas dans le cœur, mais dans le ventre, puis s'en va aux lieux d'aisance » tandis que ce qui souille l'homme, ce sont les « desseins pervers » sortis du cœur (Mc 7, 17-23 ; Mt 15, 1-20).

Cependant, les Actes des Apôtres relatent une « extase » de Simon-Pierre au cours de laquelle une voix du ciel lui propose des aliments interdits, ce qui provoque chez lui cette réaction : « Oh non ! Seigneur, car je n'ai jamais rien mangé de souillé ni d'impur ! » (Ac 10, 10-15). Ce qui semble indiquer que les premiers chrétiens tenaient encore à respecter les règles alimentaires. Et Simon-Pierre avait pris, d'évidence, de nombreux repas avec Jésus. La mise en cause des interdits par celui-ci aurait donc été limitée.

Incirconcis

Non-Juif. La circoncision, ablation de tout ou partie du prépuce, est pratiquée le huitième jour de la vie d'un garçon. Elle est le signe de l'Alliance entre Yahvé et la descendance d'Abraham. Elle est aussi pratiquée sur les convertis au judaïsme.

Isaïe (ou Esaïe)

Prophète situé au VIIIe siècle av. J.-C., auteur de textes annonçant le Messie. Il aurait fini martyr. Pour lui, l'homme est un être souillé par le péché dont Dieu demande réparation. Le Messie qu'il annonce sera un descendant de David qui fera régner la paix et la justice sur la terre et répandra la connaissance de Dieu. Son royaume étant terrestre, ce Messie ne correspond pas à l'enseignement de Jésus. La deuxième partie du Livre d'Isaïe (à partir du chapitre 50) est due probablement à un autre auteur, un de ses disciples. C'est dans cette partie que se trouve le texte dit du « Serviteur souffrant » présentant un parfait fidèle de Yahvé qui prêche la vraie foi, souffre pour expier les fautes de son peuple et se trouve glorifié par Dieu. Les premiers chrétiens, l'Eglise ensuite, ont voulu voir en ce personnage une préfiguration de Jésus.

Jean le Baptiseur

Selon l'Evangile de Luc, c'est un parent de Jésus. Il commença à prêcher au bord du Jourdain, à la limite du désert, vers 27 ou 28. Son activité est également mentionnée par l'historien juif Flavius Josèphe. Hostile aux hommes du Temple, il prêchait une vie ascétique et pratiquait le baptême purificateur. Il est parfois considéré comme Essénien car sa prédication offre quelque ressemblance avec certains de leurs écrits. Or, ceux-ci préconisaient le baptême quotidien, alors que le baptême de Jean n'était donné qu'une fois. Jésus se fit baptiser par lui et proclama son admiration pour lui. Mais il arriva à Jean de douter qu'il fût le Messie (Mt 11, 2-15). Jean fut décapité sur l'ordre d'Hérode Antipas en 28 ou 29. Certains de ses disciples créèrent, après sa mort, une sorte de secte qui fut en concurrence avec les premiers chrétiens. Si bien que les Evangiles réduisent quelque peu son rôle de baptiseur pour souligner celui de précurseur de Jésus et montrer sa dépendance à l'égard de celui-ci.

Jérémie

Prophète. Né au VIIe siècle av. J.-C. près de Jérusalem. Vivant à l'époque où Nabuchodonosor, roi de Babylone, imposait sa domination à la Palestine, il fut amené à annoncer surtout le malheur et à lutter contre les prêtres, les faux prophètes, le peuple qui ne respectait pas la volonté de l'Eternel. Ce qui le déchirait.

Jérusalem et le Temple

Conquise par David au Xe siècle av. J.-C., cette ville est le cœur d'Israël. Selon la tradition biblique, elle est située sur le mont Moriah, le lieu du sacrifice d'Abraham. A l'époque de Jésus, Jérusalem est essentiellement une capitale religieuse. Les services administratifs de l'Etat ont été, pour la plupart, délocalisés depuis l'occupation d'Israël par les Romains et installés à Césarée. Les grandes routes commerciales ignorent Jérusalem, passent le long de la côte ou à l'est du Jourdain.

Le Temple est le plus gros employeur de la ville. C'est lui, en outre, qui fait vivre les petits artisans et commerçants qui vendent des souvenirs aux pèlerins. De vraies tensions sociales déchirent Jérusalem. Mais ses habitants font bloc autour du Temple, parce qu'il est la seule raison de vivre des plus religieux, le seul moyen de vivre pour tous. Quiconque s'en prend au Temple est donc considéré comme un ennemi par tous les jérusalémites.

A l'époque de la Pâque, les Juifs affluent de tout le monde connu. On sacrifie au Temple des milliers d'animaux (agneaux ou chevreaux). Les rues étroites, souvent en degrés, sont encombrées par une cohue de pèlerins, d'ânes chargés de lourds paniers, de commerçants étalant leurs marchandises à même le sol. La plupart des pèlerins, s'ils n'ont pas de famille dans la ville, campent à l'extérieur, notamment sur le mont des Oliviers.

Le mot Temple est utilisé à la fois pour désigner le bâtiment lui-même et le groupe des Grands Prêtres qui en avaient la direction.

Joseph d'Arimathie

Arimathie, ville du nord de la Judée, est le lieu d'origine d'un riche notable nommé Joseph, un juste, « membre distingué du Sanhédrin », « disciple de Jésus mais en secret » selon Jean (19, 38), qui va réclamer le corps du crucifié après sa mort pour l'ensevelir dans un tombeau neuf qui lui appartient. Il procède rapidement, peut-être avec l'aide de Nicodème, avant l'ouverture du sabbat (au coucher du soleil) qui interdit tous travaux.

Judas

Ce nom était très courant. Dans le Nouveau Testament, on ne compte pas moins de sept Judas différents. Comme les Juifs de l'époque n'utilisaient qu'un très petit nombre de noms, ils ajoutaient souvent, on le sait, pour distinguer chaque personne, celui de leur père. Ce n'est pas le cas du Judas qui nous intéresse ici, dont le père s'appelait, à en croire l'Evangile de Jean (6, 71), Simon.

Les Evangélistes appellent Judas l'Iscariote. Ce qui peut avoir trois significations.

En hébreu : *ich Kariot*, donc homme originaire de Carioth, un lieu dont on ne sait rien de précis.

En araméen : *ichgariâ*, ce qui signifie « le faux ».

En grec enfin : *sikarios* (et en latin *sica*) ce qui signifie « porteur d'un poignard ». Les auteurs les plus sévères pour Judas ont même traduit ce mot par « tueur à gages ». Le rapprochement avec *sikarios* rappelle plutôt sicaire et amène à penser que Judas a fait partie des zélotes. Mais ceux-ci, comparables à des maquisards voulant combattre l'occupant romain, n'apparurent que deux ou trois décennies après la mort de Jésus. Le fait que l'Evangile de Jean parle de Judas comme du fils de « Simon l'Iscariote » entraîne à privilégier l'hypothèse du nom de lieu et à éliminer tous les surnoms évoquant ce qu'avait de traîtresse son action. Mais il n'existe pas de certitude. Un exégète du XIXᵉ siècle, G. Dalman, cité par Raymond Brown (cf. Bibliographie, *La Mort du Messie*), déclarait avec humour et sérieux : « Une thèse très plausible est qu'Iskarioth était déjà incompréhensible pour les auteurs de l'Evangile. » Il est donc préférable de s'en tenir là, en ce qui concerne le nom.

Pour le reste, on ne dispose guère de données biographiques sur Judas. L'Evangéliste Jean indique qu'il était le « trésorier » du groupe des fidèles de Jésus, ce qui implique peut-être qu'il savait lire et écrire.

Les Evangélistes diffèrent sur l'explication de son attitude. Marc en donne un récit très bref : Judas va spontanément offrir aux Grands Prêtres de leur livrer Jésus, et il est ensuite question de lui donner de l'argent mais il ne l'a pas demandé (14, 10-11). Matthieu, qui écrit après Marc, est toujours tenté de compléter les récits de celui-ci, notamment en donnant les motivations des uns et des autres. Pour lui, Judas était poussé par la cupidité : « Que voulez-vous me donner et moi je vous le livrerai ? » (26, 15). Luc, lui, avance une autre raison : l'action du diable, Satan. C'est celui-ci qui pousse Judas à trahir, et c'est seulement à la fin de son entretien avec les Grands Prêtres et les chefs des gardes que ces derniers conviennent de lui donner de l'argent, ce qu'il accepte. Il faut souligner que, à l'époque de Jésus, Satan, le diable, a pris une place importante dans les croyances religieuses des Juifs, ce qui n'était pas le cas auparavant (il apparaît peu dans l'Ancien Testament et il n'est pas toujours l'incarnation du mal ; dans le livre de Job, par exemple, il appartient à l'entourage de Dieu).

Enfin, l'évangéliste Jean est le plus sévère avec Judas. Il commence par raconter que, au cours d'un repas chez Lazare, après la résurrection de celui-ci, sa sœur Marie prenant une livre de nard, un parfum horriblement cher, en oint les pieds de Jésus avant de les essuyer avec ses cheveux. Alors, Judas ronchonne sur le thème : avec le prix de ce parfum, on aurait pu aider bien des pauvres. Commentaire de l'Évangéliste : « Il dit cela non par souci des pauvres mais parce qu'il était voleur et que, tenant la bourse, il dérobait ce qu'on y mettait » (12, 1-6).

Or, Matthieu et Luc, qui racontent la même scène en la situant ailleurs, mettent la phrase de Judas regrettant le gaspillage du parfum dans la bouche de l'ensemble des disciples.

Les explications de Jean sur l'attitude de Judas sont, il est vrai, plutôt contradictoires. D'un côté, on l'a vu, il le décrit comme un fourbe et un voleur, bien avant la Passion. Mais par ailleurs, comme Luc, il indique que Satan a poussé Judas à la trahison seulement pendant la Cène, le dernier repas. Il décrit Jésus donnant une « bouchée » du plat à Judas et ajoute aussitôt, comme Luc : « Alors, Satan entra en lui » (13, 27).

L'explication de la trahison par la cupidité réapparaît dans les récits de la mort de Judas. Il n'en existe que deux : l'un dans l'Evangile de Matthieu (27, 3-10), l'autre dans les Actes des Apôtres (1, 16-20) dont l'auteur est, pour l'essentiel, on le sait, l'Evangéliste Luc. Dans ce texte, c'est Simon-Pierre qui, après la résurrection, raconte la mort de Judas quand il faut choisir un remplaçant de celui-ci, afin de reconstituer un groupe des douze apôtres. Il indique que Judas « s'étant acquis un domaine avec le salaire de son forfait [...] est tombé la tête la première et a éclaté par le milieu, [que] toutes ses entrailles se sont répandues ». Il faut souligner que les maux d'intestin était souvent cités à l'époque (par l'historien juif Flavius Josèphe, entre autres), comme provoquant la mort de personnages malfaisants. C'était aussi le cas dans l'Ancien Testament. Ainsi le livre biblique dit « des Maccabées » évoque un roi de Syrie nommé Antiochus qui, partant pour Jérusalem dont il veut faire « la fosse des Juifs », est frappé par le Seigneur d'une « douleur d'entrailles sans remède et d'une colique aiguë ». Sa chair, comme celle de Judas, part en lambeaux, et bien qu'il se repente, il finit par mourir dans d'atroces douleurs (2 M, 9, 5-28).

L'autre récit de la mort de Judas, celui de l'Evangile de Matthieu, montre Judas bourrelé de remords. Il s'en va donc trouver les Grands Prêtres pour leur rendre le prix de sa trahison. Puis il se pend. Comme l'avait fait dans la Bible un conseiller du roi David qui tenta de livrer celui-ci à son fils rebelle Absalom et échoua (2 S, 15-17). Quant aux pièces d'argent, des sicles, on peut également en trouver mention, bien avant le Iᵉʳ siècle, dans le livre de la Genèse (37, 28) : c'est le prix auquel Joseph, fils de Jacob, fut vendu comme esclave par ses frères.

Les premiers chrétiens, il faut le répéter, soucieux d'expliquer l'impensable – la crucifixion de Jésus alors que le Messie attendu par les Juifs devait régner glorieusement sur la terre –, cherchaient dans les Ecritures les textes qui semblaient l'annoncer.

Leurs successeurs et de nombreux auteurs n'ont pas

manqué d'imagination, ensuite, pour expliquer un personnage mystérieux.

Lévites

Les lévites étaient environ vingt-quatre mille. Ils devaient
enseigner la Loi, la Torah, au peuple, étaient répartis sur
l'ensemble du territoire mais officiaient surtout dans le
Temple : ils assistaient les prêtres, étaient musiciens, chan-
teurs, fonctionnaires, policiers. Ils n'avaient pas le droit de
posséder des terres mais percevaient une dîme sur tous les
produits agricoles dont ils reversaient aux prêtres la
dixième partie : la dîme de la dîme. Ils appartenaient à la
tribu des descendants de Lévi.

Loi

La Loi est la révélation enseignée par Dieu à Israël Elle
est précisée dans les cinq premiers livres de la Bible attribués à Moïse qui a fait connaître au peuple la volonté de
Yahwé. On l'appelle aussi Torah ou Pentateuque (ce qui
signifie en grec « Le livre en cinq livres » : Genèse, Exode,
Lévitique, Nombres, Deutéronome). Quand Jésus parle de
la Loi, c'est cette loi ancienne qu'il vise.

Manne

Le livre de l'Exode raconte que, sur le long chemin du
retour des Hébreux d'Egypte sous la conduite de Moïse,
ceux-ci, affamés, découvrirent dans le désert un produit
« granuleux mais fin comme le givre » (Ex 16, 4-31). Cette
sorte de graine réduite en farine pouvait être notamment
mangée sous une forme de galettes.
Les auteurs de la Bible ne sont pas d'accord sur les qualités de la manne. A en croire le poétique livre de la Sagesse

(16, 20), c'était une merveilleuse substance « capable de procurer des délices » et qui se transformait pour s'accommoder au goût de chacun. Mais le livre des Nombres (11, 4-20) montre les Hébreux plutôt geignards : « Maintenant nous manquons de tout : plus rien d'autre que la manne ! » Si bien que Yahvé, mécontent, fit tomber des cailles, par nuées, autour de leur camp. Puisqu'ils regrettaient la viande, ils en auraient, ils en seraient gavés « jusqu'à ce qu'elle leur sorte par le nez et leur soit en horreur »...

Miracles

A en croire les Evangiles, l'attitude de Jésus à l'égard des miracles était ambiguë. D'un côté, quand Jean-Baptiste, saisi d'un doute, lui envoie quelques amis pour lui demander s'il est bien « celui qui doit venir », il répond positivement en le prouvant par une liste de miracles (les boiteux marchent, les aveugles voient, etc.). A l'inverse, il se fait le plus souvent arracher ces miracles, ne les accomplit pas, en tout cas de sa propre initiative (alors qu'à l'époque bien des magiciens couraient les villages pour éblouir les bonnes gens). Souvent même, il se cache, recommande aux personnes qu'il a guéries de « n'en parler à quiconque » (Mc 1, 44, voir aussi Mc 7, 32-36, et 8, 26). Les miracles ou les récits de miracles, d'ailleurs, n'avaient rien de surprenant pour les Juifs qui croyaient en bien des interventions merveilleuses de Dieu, par exemple la séparation de la mer en deux parties afin de permettre à Moïse et à son peuple de fuir l'Egypte. Et si l'on compare les Evangiles à bien des récits de l'époque, on constate qu'ils n'accordent à ces phénomènes extraordinaires qu'une place relativement mince (sauf l'Evangile de Marc composé, presque pour moitié, de récits de miracles).

Mishna

Loi orale des Juifs qui précise avec un luxe de détails les commandements donnés par Yahwé à Moïse.

Monnaies

Plusieurs sortes de monnaies coexistaient au temps de Jésus. On discute beaucoup de savoir si l'une d'elles était spécifiquement juive, le pays étant occupé par les Romains. Mais il y avait des changeurs au Temple de Jérusalem pour permettre aux pèlerins d'acquérir une monnaie pure : celle de l'extérieur – quelle qu'elle soit – étant réputée impure. En outre, Hérode le Grand a pu frapper des monnaies de bronze. Celles qui circulaient en dehors du Temple étaient grecques ou romaines pour la plupart, et ce sont elles qu'évoquait Jésus dans ses paraboles (où les questions d'argent tenaient une place relativement importante parce qu'il choisissait ses exemples dans la situation d'une société où les petites gens, les petits paysans étaient souvent endettés).

Les pièces tenaient leur valeur de leur poids, qui pouvait varier à l'usage, si bien que les chiffres indiqués ci-après ne donnent qu'un ordre de grandeur. La monnaie la plus importante était le talent, d'origine grecque. On a une idée de son importance quand on sait que le revenu annuel d'Hérode, pourtant richissime, était de 900 talents (chaque talent équivalant, en gros, à une trentaine de kilos d'argent, voire davantage). Quand Jésus évoque, dans une parabole, le serviteur d'un roi qui devait à celui-ci 10 000 talents (Mt 18, 24), il faut comprendre que cela représentait à peu près le salaire de 16 000 ouvriers agricoles pendant dix années. Autrement dit, Jésus voulait signifier que cette dette, que le roi décidait d'annuler était incommensurable, tout comme l'amour de Dieu annulant les péchés. Jésus, qui ne manquait pas d'humour, choisissait souvent des exemples aussi surprenants, mieux compris de ses auditeurs et provoquant sans doute chez eux des sourires.

Un talent valait 60 mines, 1 500 statères ou sicles et 6 000 deniers. Les monnaies de bronze allaient du sesterce (il en fallait 24 000 pour faire un talent) jusqu'au lepte (768 000 pour un talent). Si, selon l'Evangile de Matthieu, seul à donner cette précision, Judas a reçu 30 sicles, soit 120 deniers (les meilleures traductions parlent de « trente pièces d'argent »), cette somme correspondait, semble-t-il, au salaire de 120 journées de travail, quatre mois de la paie d'un ouvrier agricole. L'allusion à ces 30 sicles dans l'Evangile fait référence à une prophétie de Zacharie, dans la Bible, où des « trafiquants » qui s'intéressent à un troupeau paient 30 sicles d'argent à un berger ; le Seigneur dit alors à celui-ci : « Jette-le au fondeur ce joli prix auquel je fus estimé par eux » (Za 11, 4-13) : on retrouve là, une fois encore, la volonté des premiers chrétiens de trouver dans une prophétie des allusions au sort du Messie attendu par les Juifs.

Myriam de Magdala

Myriam (ou Marie) de Magdala est l un des personnages les plus importants de l'Evangile : selon le texte de Jean, elle fut le premier témoin de la Résurrection de Jésus ; selon les trois autres Evangélistes, une autre Marie (mère de Jacques et Salomé, précise Marc) l'accompagnait. C'est que les prénoms, comme on le sait, étaient rares à cette époque ; bien des personnes portaient donc le même. Si bien que l'on a souvent confondu Marie de Magdala avec Marie de Béthanie (une bourgade proche de Jérusalem), sœur de Lazare que Jésus ressuscita.

Une troisième femme, dont le nom n'est pas donné, a également été souvent assimilée à Marie-Madeleine : cette « pécheresse » (selon Luc 7, 36-50) a fait irruption au cours d'un repas où un Pharisien avait invité Jésus, s'est agenouillée en pleurant devant celui-ci, a inondé de larmes ses pieds, les a ensuite essuyés de ses cheveux et enfin oints d'une grande quantité de parfum. Luc qualifiant cette der-

nière de « pécheresse », on en a conclu qu'elle était prostituée et on a appliqué cette qualification à Marie-
Madeleine. Or, rien ne prouve qu'il s'agissait de la même
personne, d'autant que Luc a évoqué Marie-Madeleine,
dans d'autres passages de son Evangile, en la nommant.
Bien des spécialistes, en outre, s'interrogent sur la réalité de
cette scène : on n'entrait pas si aisément dans la demeure
d'un Pharisien, surtout si l'on était une femme, connue en
outre comme pécheresse, d'autant que le Pharisien en question, prénommé Simon, n'était pas, à en croire ce récit, un
personnage très accueillant.

Il faut donc s'en tenir à la seule Marie de Magdala.
Magdala est le nom d'une bourgade de Galilée, proche de
Capharnaüm, sur les bords du lac de Tibériade. Son nom
pourrait provenir de l'araméen *Migdal nounayah* qui signifie « la tour des poissons ».

Selon Luc (8, 1-3), Marie de Magdala appartenait à un
groupe de femmes qui suivaient Jésus et aidaient son
groupe, sur le plan financier notamment. Elle avait été délivrée par Jésus de « sept démons ». Cela ne signifie pas
qu'elle était « possédée ». Le père Bernard Sesboué, jésuite,
écrit : « Le thème de l'expulsion des démons était lié dans
l'esprit du temps à la guérison des maladies, comme on le
voit souvent dans les évangiles » (B. Sesboué, *Le Da Vinci
Code expliqué à ses lecteurs*, Paris, Ed. du Seuil, 2006).

Marie-Madeleine a été très proche de Jésus. Les Evangélistes citant les femmes qui ont accompagné celui-ci jusqu'au pied de la croix donnent des noms différents à celles-
ci. Or, seule Marie-Madeleine est présente dans les quatre
listes. Enfin, quand elle rencontre Jésus ressuscité, elle l'appelle « Rabbouni » (Jn 20, 16). L'Evangéliste croit utile de
préciser : « ce qui veut dire : "Maître" », comme s'il voulait
exclure une autre interprétation. Or, c'est « Rabbi » qui
veut dire « maître » partout ailleurs dans les Evangiles. Le
diminutif « rabbouni », lui, introduit une certaine tendresse
dans cette expression.

Dans un texte apocryphe datant du milieu du IIᵉ siècle,
intitulé « L'évangile selon Marie », Pierre s'adresse à Marie-

Madeleine en ces termes : « Dis-nous les paroles qu'il [Jésus] t'a dites, dont tu te souviens et dont nous n'avons pas la connaissance.» Il lui reconnaît donc une intimité particulière avec Jésus. En revanche, après qu'elle a parlé et répondu à leurs questions, dans un style compliqué, Pierre et André son frère se montrent sceptiques : « Est-il possible que l'Enseigneur [Jésus] se soit entretenu ainsi, avec une femme, de choses que nous, nous ignorons ? » Ce retournement de Pierre s'explique peut-être par son caractère. Analysant ses attitudes dans les diverses situations où il s'est trouvé avec Jésus, l'exégète John P. Meïer (*Un certain Juif, Jésus*, cf. Bibliographie) discerne en effet chez lui « une tendance à souffler le chaud et le froid » (Sur « L'évangile selon Marie », voir le livre de Jean-Yves Leloup, *L'Evangile de Marie*, Paris, Albin Michel, 1997. Le texte lui-même, accompagné d'une présentation de Françoise Morard, est également publié dans le deuxième volume des *Ecrits apocryphes chrétiens*, Paris, coll. « La Pléiade », Ed. Gallimard, 2005. Françoise Morard a publié aussi une étude intitulée « L'Evangile de Marie, un message ascétique ? » dans *Apocrypha*, 12, 2001).

Nabuchodonosor

Nabuchodonosor II, roi de Babylone au VIe siècle av. J.-C., avait battu les Egyptiens avant de s'emparer une première fois de la Palestine. A la suite de rébellions, il dut entreprendre, à deux reprises, le siège de Jérusalem, chacune de ses victoires étant suivie d'une déportation de notables Juifs. A la fin du deuxième siège (en 587), il détruisit la ville et rasa le Temple. Le prophète Jérémie, auparavant, avait averti les autorités juives des malheurs qui menaçaient le peuple s'il ne changeait pas de vie pour observer les commandements du Seigneur. Il ne fut guère écouté. On lui interdit même d'aller au Temple. Il fut aussi menacé de mort, battu, mis au cachot, jeté au fond d'une citerne. Mais puisqu'il avait conseillé aux derniers rois de Judée de s'en tendre avec les Babyloniens, ceux-ci le traitèrent avec certains égards et ne le déportèrent pas. Il avait beaucoup présenté l'Eternel comme « exerçant la bonté, le droit et la justice sur la terre » et prédit une nouvelle alliance avec Dieu. Les premiers chrétiens se sont souvent référés à ses annonces et à son enseignement.

Nabuchodonosor, lui, après le deuxième siège de Jérusalem, s'est attaqué, entre autres, aux tribus arabes et, une fois encore, à l'Egypte.

Nard

Le nard que Marie (selon l'Evangile de Jean), une inconnue (selon Matthieu et Marc), verse sur la tête ou les pieds de Jésus, est une huile parfumée tirée d'une plante originaire de l'Himalaya. Rare et donc chère, elle était plus souvent falsifiée que pure. Les parfums jouaient un grand rôle dans la vie sociale et religieuse de tout l'Orient. En verser sur la tête d'un hôte était un geste traditionnel d'accueil. Brûler des résines telles que l'encens était, au Temple, un signe d'adoration de la divinité. Les aromates, substances végétales, étaient utilisés pour ensevelir les corps des défunts. La myrrhe, produite à partir d'une résine rouge importée d'Arabie, également. La Bible cite une trentaine de parfums.

Nations

Au pluriel, ce terme désigne les peuples païens, ceux qui n'ont pas la foi juive.

Nazareth

C'est dans ce petit village de Galilée, cité seulement par les Evangiles et inconnu de tout autre texte jusque-là, que

Jésus passa la plus grande partie de sa vie. Selon l'Evangile de Luc, Joseph et Marie habitaient en ce lieu et durent se rendre à Bethléem pour un recensement décidé par les Romains, et c'est pourquoi Jésus naquit là. Selon l'Evangile de Matthieu, en revanche, le couple résidait habituellement dans cette dernière ville toute proche de Jérusalem, et c'est pour échapper à Hérode que, après la fuite en Egypte, il décida de s'installer à Nazareth : en Galilée régnait alors Hérode Antipas qui semblait moins cruel que son père.

On peut se représenter Nazareth comme un petit entassement de masures surpeuplées, les familles juives étant très nombreuses : l'image, largement répandue, de l'Enfant-Jésus vivant paisiblement entre Marie et Joseph est donc fausse. Les habitants du village tiraient surtout leurs revenus (minces) de la vente des olives, quelques-uns allant peut-être travailler dans la ville de Sephoris, toute proche. Celle-ci avait été détruite en – 4 av. J.-C. à la suite d'une révolte contre Rome. Mais Hérode Antipas entreprit de la reconstruire pour en faire une capitale grandiose, de style grec. Puis il changea d'idée et choisit pour capitale la nouvelle ville de Tibériade (du nom de l'empereur romain qu'Antipas voulait flatter). A lire les Evangiles, il n'apparaît pas que Jésus se soit jamais rendu ni à Sephoris ni à Tibériade. Mais beaucoup ont supposé que, en raison de son métier d'artisan du bois, il ait pu travailler à Sephoris, alors en construction et située à six kilomètres à peine de Nazareth.

La langue utilisée le plus fréquemment à Nazareth était l'araméen, et l'hébreu à la synagogue (les manuscrits de Qumràn, appelés aussi « de la mer morte », montrent que l'hébreu était encore utilisé à cette époque, au moins pour le culte, chez les Juifs pieux et zélés). Il est possible que Jésus ait connu quelques mots de grec, langue qui se répandait alors dans les milieux commerciaux et dans l'aristocratie.

Nicodème

Ce nom (signifiant « peuple victorieux ») était très fréquent chez les Grecs et les Juifs. Il n'apparaît, à propos de Jésus, que dans l'Evangile de Jean, lequel le dit « Maître en Israël ». Il serait donc un notable, probablement membre du Sanhédrin et pharisien. Il croit en Jésus, selon l'Evangile de Jean, à cause de ses miracles : « Personne ne peut faire les signes que tu as fait si Dieu n'est pas avec lui » (Jn 3, 2). Nicodème vient donc voir Jésus en se cachant, avant la Passion. Mais Jésus se méfie d'une foi fondée sur les miracles, le merveilleux. Il se moque même quelque peu de lui : « Comment, tu es Maître en Israël et ces choses-là tu ne les sais pas ? »

Quelles « choses » ? Jésus, alors, se présente comme l'envoyé de Dieu, propose à Nicodème d'abandonner une vue quelque peu superficielle de son rôle (le faiseur de miracles) pour passer à une foi plus profonde. Comme il arrive plusieurs fois dans l'Evangile de Jean, un contradicteur ou un croyant de bonne volonté donne ainsi à Jésus l'occasion d'une longue réponse dans laquelle il exprime plus clairement qui il est et quel est le sens de sa mission (cf. sur ce sujet *Le Dieu des premiers chrétiens*, de Daniel Marguerat, cf. Bibliographie).

La participation de Nicodème à l'ensevelissement de Jésus est indiquée par le seul Evangile de Jean. Mais dans celui-ci, apportant la myrrhe et l'aloès pour l'embaumement du corps, il joue un rôle essentiel. Et puisqu'il ne se cache plus, cette fois, il fait preuve de plus de courage qu'il n'en avait montré jusqu'alors. Autrement dit, il se convertit. C'est l'accomplissement de la parole de Jésus : « Quand j'aurai été élevé de terre, je les attirerai tous à moi » (Jn 12, 31-34). On s'est demandé si le personnage de Nicodème était un fruit de l'imagination de l'auteur de l'Evangile de Jean. Mais il n'y a pas de raison de douter de son existence, même si chaque détail de son action n'est pas vérifié historiquement.

Nisan

(*Voir* **Dates et heures**.)

Païen

Pour les Juifs de l'époque, tous les autres peuples étaient des païens puisqu'ils ne connaissaient pas le vrai Dieu.

Pâque

La Pâque juive tire son origine d'une fête du printemps célébrée lorsque ce peuple était nomade, fête au cours de laquelle les bergers offraient des sacrifices pour la protection de leurs troupeaux. Par la suite, elle prit un autre sens, devint la commémoration de la sortie des Hébreux d'Egypte, événement fondateur.

En principe, tout Juif devait aller en pèlerinage à Jérusalem pour la Pâque. Celle-ci commençait le soir du 14 Nisan (dernier jour avant la pleine lune qui suit l'équinoxe de printemps). Le repas pascal était préparé par l'immolation, au Temple, d'un agneau ou d'un chevreau mâle, âgé d'un an. Pour rappeler les épisodes de la sortie d'Egypte, le sang de l'animal (symbole de la vie, laquelle appartient à Dieu) était recueilli et utilisé pour marquer avec un branchage les montants et le linteau de la porte des maisons. Ensuite, l'agneau était rôti pour servir au repas dont le menu était strictement fixé. Le pain azyme, sans levain, rappelait celui que les Hébreux avaient emporté à la hâte, à leur sortie d'Egypte, sans le laisser fermenter. L'agneau pascal, accompagné d'herbes amères, devait être mangé tout entier avant le lever du jour, et ses restes brûlés. Le repas prenait fin par un chant d'action de grâces tiré des psaumes bibliques, le Hallal. Le jour suivant, les voyages étaient interdits. Les pèlerins devaient rester à Jérusalem.

Ils ne pourraient reprendre la route que le 16 Nisan. Mais la célébration de la Pâque, que ce soit à Jérusalem, sur le chemin du retour ou chez soi, s'étendait sur sept jours.

Pharisiens et Sadducéens

Le judaïsme, au Ier siècle, formait un monde très divers et assez éclaté sur le plan religieux. Le groupe politico-religieux connu sous le nom de Sadducéens exerçait le pouvoir, sous le contrôle des Romains, et avec leur connivence, au temps de Jésus. Il semble que tous les Grands Prêtres, à l'époque de la souveraineté romaine, aient été sadducéens. Or, le Grand Prêtre réglait tous les problèmes de la vie quotidienne en Judée où il était responsable de l'ordre public et de la perception des impôts. Si l'on en croit l'historien juif Flavius Josèphe qui, c'est vrai, ne les appréciait guère, les Sadducéens bénéficiaient de « la confiance des seuls gens riches ». Cette caste sacerdotale comptait en effet quelques laïcs éminents et fortunés.

Les Sadducéens, peu nombreux, vivaient surtout à Jérusalem et aux environs. Ils n'étaient guère aimés. Un texte juif ancien, le Talmud de Babylone, édité à partir de traditions orales au Ve siècle, reprend ce qui paraît être une vieille chanson des rues : « Ce sont les Grands Prêtres, et leurs fils sont les trésoriers, leurs gendres les officiers du Temple, et leurs serviteurs battent le peuple avec des bâtons. » Ils étaient influencés par la culture grecque. Sur le plan religieux, ils ne croyaient pas en la résurrection des corps, en une vie éternelle bienheureuse, et en un jugement après la mort entraînant châtiments et récompenses. Ils se fondaient, en ce domaine, sur la plupart des Ecritures, notamment les cinq livres de la Torah, qui n'y font guère allusion.

Les Pharisiens, plus nombreux que les Sadducéens et surtout réunis en Judée au temps de Jésus, doivent en partie leur mauvaise réputation actuelle à l'Evangile de Matthieu écrit après 70, à une époque où ils étaient en conflit avec les premiers chrétiens. Ce groupe politico-religieux était apparu au IIe siècle av. J.-C. pour lutter d'abord, semble-t-il, contre l'influence culturelle grecque. Ils prêchaient l'étude et la pratique minutieuse de la Loi en tous domaines, le respect du sabbat notamment, et observaient strictement le rituel du Temple. La fidélité à l'Eternel et à la Loi serait récompensée, pensaient-ils, par la résurrection au dernier jour – ce qui distingue totalement les Pharisiens des Sadducéens. Mais, toujours selon les Pharisiens, ceux qui ne respecteraient pas la Loi ne pourraient vivre dans le monde futur.

Au début du Ier siècle av. J.-C., les Pharisiens se révoltèrent contre Alexandre Jannée appelé aussi Yannaï, Grand Prêtre et roi de Judée, qui engagea le pays dans plusieurs conflits et gouvernait avec une poigne de fer. Lors d'un épisode de cette révolte, plusieurs centaines de Pharisiens furent crucifiés et leurs familles massacrées. L'historien juif Flavius Josèphe a évoqué cette guerre civile dans ses ouvrages. Il en existe des versions en partie légendaires. C'est à cet Alexandre-là, et non bien sûr à Alexandre le Grand, que fait allusion Simon-Pierre dans le tout début de notre récit.

A l'époque de Jésus, les Pharisiens ne formaient pas un bloc unanime. Jésus eut de bons rapports avec certains d'entre eux, comme en témoignent des scènes d'Evangile où il prend des repas chez l'un ou l'autre, probablement des sympathisants du grand rabbin Hillel, qui prônait une interprétation assez ouverte des textes de la Loi.

Dans les récits de la Passion, les Pharisiens ne sont pas désignés comme responsables directs de la condamnation de Jésus.

A la différence des Sadducéens, ils jouissaient d'une assez large popularité.

Pilate

Ce Romain fut préfet (gouverneur) de Judée de 26 à 36. Le Credo l'appelle Ponce Pilate. Ponce n'est pas son prénom : celui-ci est inconnu, ne figure dans aucun document romain, juif ou chrétien. *Pontius*, en latin évidemment, indique son appartenance à une « gens » (groupe de famille descendant d'un ancêtre commun et formant une sorte de clan). Pilatus est le nom de famille, venant de *pileus* (« casque ») ou de *pilum* (« lance »).

Pilate appartenait à l'ordre équestre, c'est-à-dire à la petite noblesse romaine. Il fut très probablement militaire avant de devenir préfet. Il semble avoir été assez fin politique pour rester longtemps au poste difficile que représentait le gouvernement de la Judée. Il s'entendait assez bien avec les Grands Prêtres : il n'en a jamais révoqué aucun, contrairement aux autres préfets ; en outre, Caïphe, Grand Prêtre de 18 à 36/37, fut écarté par Vitellius, légat de Syrie, aussitôt après le départ de Pilate. Cependant, au cours du procès de Jésus, ce Romain s'est opposé aux hommes du Temple en se montrant respectueux de la légalité, alors qu'ils en faisaient bon marché (cf. sur ce sujet *Procès de Jésus, procès des Juifs ?*, coll. sous la direction d'Alain Marchadour, Cerf, 1998).

La tradition chrétienne lui fut relativement favorable : Tertullien, l'un des grands théologiens de la fin du IIe siècle, souvent excessif, le qualifia même de « chrétien de cœur ». En outre, sa femme, appelée Procla dans certains évangiles apocryphes, fut souvent célébrée. Il est vrai qu'il s'agissait aussi pour les chrétiens de faire retomber sur les Juifs, avec lesquels ils polémiquaient alors, la responsabilité du supplice de Jésus. En revanche, Pilate fut très critiqué par des auteurs romains comme Tacite, ou juifs comme Philon d'Alexandrie, qui l'accusa de corruption, d'exécutions sans procès, de cruauté « incessante », et ainsi de suite.

Plusieurs incidents opposèrent Pilate aux Juifs. Peu après son arrivée en Palestine, il avait envoyé à Jérusalem des troupes portant étendards et médaillons représentant l'empereur (lequel était considéré comme un dieu). Ce qui provoqua une manifestation – les Juifs ne pouvant accepter une telle image religieuse dans la Ville sainte – et une sorte de « sit-in », six jours durant, devant sa résidence de

Césarée. Après avoir menacé de mort les manifestants, il finit par céder. Une autre émeute fut suscitée par sa décision de construire un très long aqueduc pour amener l'eau à Jérusalem, ville qui en avait un grand besoin, notamment lors des pèlerinages. Pour construire cet aqueduc, il pilla le trésor du Temple. Ce n'était pas pour son usage personnel, certes, mais tout ce qui touche au Temple étant considéré comme sacré, une foule nombreuse manifesta. Il la fit disperser avec ordre aux soldats de « ne pas user de l'épée » mais de la trique... Ce qui ne les empêcha pas de se montrer très violents. D'autres incidents se traduisirent par la mort de Galiléens et de Samaritains. C'est cette dernière affaire qui amena Vitellius, le légat de Syrie, à renvoyer Pilate à Rome. Selon certaines sources, légendaires semble-t-il, il aurait été ensuite exilé en Gaule, dans la région de Vienne.

Prêtres

Les prêtres, qui devaient procéder aux cérémonies rituelles dans le Temple, au temps de Jésus, étaient nombreux. On était prêtre de père en fils depuis le premier Grand Prêtre, Aaron, issu de la tribu de Lévi, troisième fils du patriarche Jacob et frère de Moïse. Les prêtres constituaient une classe distincte du peuple. Outre le culte, ils devaient instruire et juger. Ils étaient astreints à des règles spécifiques de pureté : par exemple, il leur était interdit tout contact avec un mort, jugé automatiquement « impur », sauf pour ses sept parents les plus proches (encore ceux-ci devaient-ils, ensuite, se purifier). Les prêtres n'avaient pas le droit de posséder des terres mais subsistaient grâce aux viandes des sacrifices, aux dons, aux impôts et taxes diverses, à commencer par la dîme, la dixième partie des produits agricoles et du cheptel, qui leur était réservée. Il existait vingt-quatre classes de prêtres qui assuraient à tour de rôle le service du Temple et repartaient ensuite dans leur village. C'était le cas de Zacharie, père de Jean-Baptiste.

Publicains

Le publicain était un petit fonctionnaire, chargé de collecter les impôts. Il était méprisé, considéré comme un pécheur public puisqu'il travaillait pour les occupants romains. Il semble que certains publicains aient eu coutume d'exiger plus d'impôts qu'il n'était dû et gardaient ce surplus pour eux (Lc 3, 12).

Procès de Jésus

Tous les Evangiles affirment que Jésus fut condamné à mort par le Sanhédrin. Mais ils n'en donnent pas la même version. Selon Jean, une première réunion du Sanhédrin décida de sa mort (11, 47-53) en son absence, quelques jours avant la Pâque ; une deuxième se tint chez le Grand Prêtre Anne après son arrestation, puis chez Caïphe (18, 13-28). Les trois autres Evangélistes ne rendent compte que d'une seule réunion qui, pour diverses raisons, aurait transgressé les règles de droit.

La possibilité pour les Juifs de condamner à mort sous l'occupation romaine a fait l'objet de multiples discussions. Il semble que les Romains autorisaient les Juifs à prononcer des condamnations à la peine capitale dans certains cas évidents d'infraction religieuse et, peut-être, d'adultère. Dans les autres cas, les autorités juives devaient transmettre les affaires aux Romains qui décidaient de prononcer et d'exécuter ou non la sentence. L'analyse des récits des procès dans les quatre Evangiles amène à penser que les autorités juives ont condamné Jésus en alléguant des motifs religieux (blasphèmes, menaces contre le Temple), mais que le procès devant Pilate eut un autre chef d'accusation, politique : Jésus se serait prétendu le « Roi des Juifs », ce qui, selon la loi romaine, pouvait passer pour une sédition, passible de la crucifixion. Les hésitations de Pilate s'expliqueraient ainsi : il soupçonnait qu'il s'agissait d'une affaire religieuse et non d'un crime politique contre l'empereur de Rome. Mais, soumis à une certaine pression des autorités juives et de la « foule » qu'elles faisaient manifester par des cris, il céda à leur volonté plutôt que de connaître des troubles, pour une question qui ne l'intéressait pas, à la fin d'une semaine où des milliers de pèlerins s'étaient rassemblés à Jérusalem, lui créant soucis et inquiétudes.

Rabbi, rabbin

A l'époque de Jésus, ce titre était une expression de respect à l'égard d'une personne faisant autorité en matière religieuse. Ensuite, il devint un titre officiel donné, au cours d'une cérémonie appelée « ordination, » à des hommes considérés comme experts en matière de Loi.

Rebecca

Elle était la fille d'un neveu d'Abraham. Celui-ci, qui cherchait une épouse pour son fils Isaac, la découvrit avec l'aide de Dieu. Isaac et Rebecca eurent deux jumeaux : Esaü et Jacob. Isaac préférait le premier, Rebecca le second. Elle utilisa des stratagèmes pour évincer Esaü, qui jouissait du privilège du premier-né. Jacob obtint celui-ci par ruse, fut béni par son père, supplantant dès lors Esaü. Il devint ainsi le troisième patriarche.

Rouleaux

Les rouleaux sur lesquels figuraient les textes des Ecritures n'étaient écrits que sur une face, sauf très rares exceptions. Ils ne dépassaient pas dix mètres de longueur et étaient faits de peau depuis le VIᵉ siècle av. J.-C. Ainsi, la grande majorité des manuscrits des grottes de Qumràn sont en parchemin. Au temps de Jésus, les rouleaux furent concurrencés par des carnets de parchemin (*membranai* en grec). On pense que des disciples y auraient noté certaines déclarations de leur Maître. Quoi qu'il en soit, dans sa seconde lettre à Timothée, Paul demande à son disciple de lui apporter des cahiers de ce genre (2 Tm 4, 13). A noter qu'il appelle les Ecritures « les saintes lettres ». Rassemblées, coupées au format voulu et reliées par une ficelle, les feuilles de parchemin devinrent aussi des codex (du latin *caudex*).

Sacrifice

Le sacrifice peut s'interpréter de deux manières. Comme la monnaie d'un commerce avec la divinité. Ou comme la plus haute expression du don de soi pour autrui : un père qui se jette à l'eau afin de sauver son enfant en danger, par exemple.

La première forme du sacrifice – la monnaie d'un commerce avec la divinité – a été pratiquée par la plupart des civilisations.

Dans le monde juif ancien, le refus du sacrifice humain fut manifesté par la très célèbre histoire d'Abraham, premier patriarche des Hébreux, dont Dieu retint le bras après lui avoir commandé, pour « l'éprouver », de tuer son fils et de le lui offrir en holocauste. Ce récit, que l'on trouve dans le livre de la Genèse (22, 1-9), marque la substitution, pour le sacrifice, de l'animal (un bélier en l'occurrence) à la victime humaine (qui était le plus souvent un enfant, et surtout un premier-né). Les historiens ne peuvent situer Abraham dans le temps et font remonter ce récit à une date très ancienne.

La racine du mot hébreu *gorban*, qui désigne le sacrifice, signifie aussi « rapprocher ». Ce qui évoque donc un rapprochement entre Dieu et l'homme, à l'initiative de celui-ci.

A l'origine, cependant, le sacrifice des animaux a été lié à la consommation de la viande carnée qui posait dans certaines sociétés des problèmes puisqu'elle impliquait de tuer d'abord l'animal dont l'homme se sentait proche (ce qui ne l'empêchait pas de tuer, dans le même temps, d'autres hommes, au combat notamment). Pour se disculper en quelque sorte, on imagina donc d'offrir à la divinité une part de la bête. Ainsi, chez les Grecs, à l'époque classique, « toute viande consommée est une victime animale égorgée rituellement » (*La Cuisine du sacrifice en pays grec*, coll. « Bibliothèque des histoires », Gallimard, Paris, 1972). Pour les Juifs, le *Dictionnaire encyclopédique du judaïsme* (cf. Bibliographie) écrit : « Certains considèrent que ce genre de sacrifices était destiné en premier lieu à transformer l'acte profane de manger de la viande en culte de D. »

Les sacrifices ne pouvaient être pratiqués à l'origine que dans un lieu central de culte : le Temple de pierre ou celui, privatif, des Hébreux dans le désert, appelé « La tente du Grand Rendez-vous » (Lv 17, 3-6). Mais il apparut bien vite que l'alimentation en viande ne pouvait être interdite à ceux qui se trouvaient loin du Temple. D'où la permission de tuer quand même certaines bêtes pour les manger, mais avec une restriction : le sang. Le Deutéronome (livre de la Bible qui est, en partie, un code des lois et coutumes à suivre) dit : « Il n'y a que le sang que vous ne mangerez pas : tu le répandras sur la terre, comme de l'eau » (Dt 12, 16).

Les sacrifices exécutés au Temple au temps de Jésus pouvaient avoir plusieurs buts : louer l'Eternel, le remercier, demander son pardon.

Ils étaient de plusieurs types :

– Les « offrandes de fumée » (Olah). Les animaux offerts devaient obligatoirement être des mâles (sauf s'il s'agissait de volatiles) et ils étaient entièrement brûlés, à l'exception de la peau, qui revenait aux prêtres. Il existait quatorze catégories différentes de « Olah ». Au Temple, à l'aube, les prêtres offraient un premier Olah au nom du peuple tout entier. Le sang était versé sur les parois de l'autel. Puis un célébrant jetait dans les flammes du bûcher les quartiers de viande préalablement salés, ainsi que des galettes de blé pétries avec de l'huile d'olive. Avant ce sacrifice du matin, les prêtres avaient enlevé les cendres de la journée précédente, consumées toute la nuit sur l'autel, pour les transporter hors de Jérusalem dans un lieu spécial, réputé « pur ». Les Olah n'étaient pas limités à l'offrande du matin au cours de laquelle, les jours de fête et de sabbat, on tuait plusieurs animaux.

– Les « offrandes pacifiques » (Chelamim). Il s'agissait de célébrer une fête personnelle, de remercier ou de tenir une promesse faite à l'Eternel. Cette fois, l'animal pouvait être de l'un ou l'autre sexe et, dans la plupart des cas, on pouvait en manger la viande (une part étant donnée aux prêtres), sauf une partie des entrailles et du foie, les rognons et la graisse qui étaient brûlés. La graisse et le nerf sciatique semblent avoir été considérés comme des organes vitaux.

– Les « offrandes expiatoires » (Hattat). Elles étaient offertes en réparation d'une faute commise par inadvertance. La viande était réservée aux prêtres.

– Les « offrandes pour le péché » (Acham). Il en existait six espèces correspondant à six types de péchés, et les animaux offerts différaient suivant les péchés. Ainsi un homme qui avait eu des relations sexuelles avec une esclave à moitié affranchie (par l'un de ses deux maîtres seulement) et fiancée à un esclave juif (ils étaient rares à cette époque) devait offrir en sacrifice un bélier de deux ans.

Dans tous les cas, l'animal offert était un mâle et sa chair réservée aux prêtres.

Cette énumération ne doit pas donner à penser que les prêtres, leurs familles et tous les auxiliaires du Temple pouvaient subsister grâce aux sacrifices. Ils gagnaient plus par les impôts qui leur étaient dus.

Il est possible de se documenter sur les sacrifices, dans le *Dictionnaire encyclopédique du judaïsme* (*op. cit.*).

Sadducéens

(*Voir* **Pharisiens et Sadducéens**.)

Samaritains

Si le comportement de Jésus avec les Samaritains, illustré notamment par la célèbre parabole dite du « Bon Samaritain », et son dialogue avec une Samaritaine (Lc 9-52 ; Jn 4, 9 ; 1-30), a beaucoup frappé ses compagnons, ses adversaires (Jn 8, 48) et les premiers chrétiens, c'est que cette population, faite d'un mélange de races, était considérée comme hérétique. Les Samaritains observaient le Pentateuque (les cinq premiers livres de la Bible) mais rejetaient les autres textes et avaient leurs propres traditions concernant diverses pratiques bibliques. Par exemple, il était interdit de prendre un repas chaud et de quitter les abords du lieu d'habitation le jour du sabbat. Surtout, les Samaritains avaient construit leur propre Temple sur un mont appelé Garizim, où ils apportaient les animaux du sacrifice. Leur existence n'est signalée qu'une seule fois dans la partie de la Bible appelée Ancien Testament par les chrétiens. Il ne reste d'eux, semble-t-il, qu'un tout petit groupe.

Sanhédrin

Le Sanhédrin, institué au IIe siècle av. J.-C., est une instance politico-religieuse, présidée par le Grand Prêtre, pontife suprême, issu de l'aristocrate sacerdotale. Consacré, celui-ci offre le sacrifice quotidien au Temple. Il est seul à pouvoir pénétrer dans le saint des saints une fois l'an, pour la fête des Expiations (Yom Kippour). Il est désigné et déposé par les Romains, mais conserve son prestige même quand il a quitté sa charge. C'est le cas d'Anne, le beau-père de Caïphe. Le Sanhédrin est composé de 71 membres : des anciens (issus des grandes familles), des Sadducéens, des scribes et des Pharisiens. Le Sanhédrin est une sorte de cour suprême qui juge les fautes contre la Loi, établit le calendrier liturgique et définit la doctrine théologique. Par ailleurs, il vote les lois politiques, a sa propre police et règle les rapports avec l'occupant romain. Le quorum nécessaire pour une délibération est limité à 23 membres.

Sarah

Epouse d'Abraham, Sarah était d'une grande beauté, mais fut longtemps stérile, ce qui était presque considéré comme une malédiction. Après dix ans de séjour en Terre sainte, raconte le livre de la Genèse, elle prit conscience que l'Eternel, lui-même, lui refusait l'enfant. Elle conseilla donc à Abraham de prendre sa servante, Hagar, comme concubine. Cette dernière lui donna un fils, Ismaël. Abraham avait alors quatre-vingt-six ans. Mais, plus tard, Sarah, elle-même âgée de quatre-vingt-dix ans, lui donna un autre fils, Isaac. Bien entendu, une rivalité exista bientôt entre les deux mères et les deux fils. Sarah supplia Abraham de renvoyer Hagar et Ismaël. Comme il hésitait, il entendit la voix de l'Eternel lui dire d'écouter Sarah (Gn 21, 12). Ce qu'il fit. Isaac, le patriarche, lui succéda donc. Sarah est considérée par une partie de l'exégèse juive comme une plus grande prophétesse qu'Abraham.

Schéol

Ce mot d'origine inconnue désigne le séjour des morts dans l'Ancien Testament. Tous les humains finissent au Schéol parce que l'homme, « couché avec ses pères », ne disparaît pas complètement (Gn 47, 30 ; Dt 31, 16). Dans ce lieu situé sous la terre ne règnent ni Dieu ni de quelconques démons. C'est une immense tombe, une « fosse » (Is 28, 18-19) dont on ignore tout, et que plusieurs textes considèrent cependant comme un « lieu de détresse » (Ps 88, 6). Le même sort y est réservé aux bons et aux méchants. C'est seulement à partir du IIe siècle av. J.-C. que le judaïsme établit une distinction entre eux, les méchants subissant une « réprobation éternelle », les autres vivant dans un paradis mal défini, peut-être situé dans le Schéol également. L'idée d'un jugement que subissent tous les humains finit par s'imposer sans que l'on sût s'il intervenait aussitôt après la mort. Les premiers chrétiens, à lire les textes du Nouveau Testament, situaient ce jugement « dernier » à la fin des temps, qu'ils croyaient proche. Au IIe siècle encore, Tertullien, un Père de l'Eglise, comparait la mort à un « état crépusculaire éternel », et les débats sur ces sujets se prolongèrent pendant des siècles. Le premier Credo des chrétiens, aussi appelé « Symbole des apôtres », dit que Jésus après sa mort « est descendu aux enfers », une formule que ne reprend pas l'autre Credo, le « Symbole de Nicée » qui date de 325. Il s'agissait, semble-t-il, par l'affirmation de la descente de Jésus aux enfers, de signifier qu'il a adopté totalement la condition humaine, subissant le sort de tous les morts (ce que niaient les « docètes », nombreux, pour qui Jésus n'était pas vraiment homme, mais un Dieu qui s'était en quelque sorte déguisé en homme). Il est possible aussi de voir dans cet article du Credo l'affirmation que Jésus a voulu sauver tous les hommes, pas seulement les Juifs, puisqu'au Schéol étaient rassemblées les « ombres » de tous (cf. Alain Houziaux, *Les Grandes Enigmes du Credo*, Desclée de Brouwer, 2003).

Scribe

Les scribes étaient les spécialistes des Ecritures, consultés pour interpréter celles-ci. A cet effet, ils suivaient de longues études avant d'être reconnus et ordonnés. Ils intervenaient aussi dans les affaires juridiques civiles et étaient représentés au Sanhédrin. Au temps de Jésus, ils se recrutaient surtout parmi les Pharisiens. Ils étaient également appelés Docteurs de la Loi.

Séphoris

(*Voir* **Hérode et ses fils** et **Nazareth**.)

Simon-Pierre

(*Voir* **Apôtres**.)

Synagogue

La synagogue n'était pas à proprement parler un lieu de culte : celui-ci était réservé au Temple, l'unique, celui de Jérusalem. C'était plutôt une maison de prière et aussi le centre de la vie sociale. Le lieu était plutôt austère, à peine décoré de palmes et d'étoiles de David.

Au fond, l'arche où étaient déposés les rouleaux des Ecritures. Au centre, une chaise de bois où s'installait non un prêtre mais un homme très religieux formé à la connaissance de la Loi. Lors des réunions pieuses, il faisait alterner bénédictions, lectures et commentaires, auxquels il appelait à participer l'un ou l'autre des fidèles. C'est ainsi que Jésus, revenant à Nazareth, fit la lecture, le jour du sabbat, d'un passage d'Isaïe et, par son commentaire, surprit ses compatriotes, lesquels, interloqués, se disaient : « N'est-il pas le fils de Joseph, celui-là ? » (Lc 4, 16-22). A la synagogue, tous les textes sont écoutés debout, toutes les bénédictions sont chantées debout, la tête tournée vers le Temple. Les villes comptent, bien sûr, plusieurs synagogues. Jérusalem en aurait compté vers cette époque un très grand nombre.

Talmud

Le Talmud rassemble des explications juridiques de la Torah, des textes faisant jurisprudence, des règles et des enseignements, des récits aussi, tous destinés à faire mieux comprendre et appliquer la Loi. Le Talmud de Jérusalem fut achevé au IVe siècle de notre ère. Le Talmud de Babylone, quatre fois plus long, à la fin du Ve. En dépit de son nom, le Talmud de Jérusalem ne fut pas édité par les académies rabbiniques de cette ville, mais par celles de Césarée, Sephoris et Tibériade. Les deux Talmuds appartiennent, comme la Torah, à la Halakha, qui est l'ensemble de la Loi juive. Mais les textes de la Bible, plus anciens, ont évidemment plus d'autorité.

Temple

(*Voir* Jérusalem.)

Tibère

Tibérius Julius Caesar, fils adoptif d'Auguste, fut le deuxième empereur romain et régna de 14 à 37.

Torah

(*Voir* Loi.)

Tyr

Très ancien port de Phénicie (nom porté alors par le littoral syro-palestinien) ; aujourd'hui Sûr, au Liban.

BIBLIOGRAPHIE

De nombreux ouvrages m'ont été utiles pour la composition et la rédaction de ce livre. Quelques-uns, à propos d'une question précise, sont cités dans le Glossaire. On trouvera ci-dessous la liste de ceux qui ont été le plus souvent consultés.

BLANCHETIÈRE F., *Enquête sur les racines juives du mouvement chrétien*, Paris, Cerf, 2001.

BOISMARD M.E., *A l'aube du christianisme*, Paris, Cerf, 1998.

BROWN, R.E., *La Mort du Messie*, NY, édition originale américaine The Associated Sulpicians of the US, 1994 ; édition française, 2005, Bayard.

CORBIN A. (sous la direction de), *Histoire du christianisme*, Paris, Seuil, 2007.

COUSIN H, LÉMANON J.P., MASSONNET J., *Le Monde où vivait Jésus*, Paris, Cerf, 2004.

DAUZAT P.E., *Judas*, Paris, Bayard, 2006.

DEBERGÉ P. et NIEUWARTS J. (sous la direction de), *Guide de lecture du Nouveau Testament*, Paris, Bayard, 2004.

DREWERMANN E., *Sermon pour le temps pascal*, édition originale allemande, Düsseldorf, Patmos Verlag, 1991 ; édition française, Albin Michel, 1994.

FERNIOT J., *Saint Judas*, Paris, Grasset, 1984.

HADAS-LEBEL H., *Rites et fêtes du judaïsme*, Paris, Plon, 2006.

KESSER R., MEYER M. et WURST G., *L'Evangile de Judas*, édition américaine National Geographic Society, 2006 ; édition française 2006, Flammarion.

KLAUCK, H.J., *Judas, un disciple de Jésus*, édition allemande Horder, édition française, Cerf, 2006.

MARGUERAT D., *Le Dieu des premiers chrétiens*, Genève, Labor et Fides, 1990.

–, (sous la direction de), *Le Déchirement, juifs et chrétiens au premier siècle*, Genève, Labor et Fides, 1996.

–, *La Première Histoire du christianisme*, Genève et Paris, Labor et Fides et Cerf, 1999.

MEIER J.P., *Un certain Juif, Jésus*, édition américaine NY, Doubleday, 1991 ; édition française 2004, Cerf, t. I, II et III.

MOINGT J., *L'Homme qui venait de Dieu*, Paris, Cerf, 1994.

–, *Dieu qui vient à l'homme, du deuil au dévoilement de Dieu*, Paris, Cerf, 2002.

–, *Dieu qui vient à l'homme, de l'apparition à la naissance de Dieu*, Paris, Cerf, 2007.

NODET E. et TAYLOR J., *Essai sur les origines du christianisme*, édition américaine Lallegeville (Min.) Liturgical Press, 1998 ; édition française 1998-2002, Paris, Cerf.

PAUL A., *Jésus-Christ, la rupture*, Paris, Bayard, 2001.

QUESNEL M., *Jésus, l'homme et le fils de Dieu*, Paris, Flammarion, 2004.

RATZINGER J. BENOÎT XVI, *Jésus de Nazareth*, édition originale, Librerica editrice Vaticana, Vatican, 2007 ; édition française 2007, Paris, Flammarion.

RICŒUR P., *Vivant jusqu'à la mort*, Paris, Seuil, 2007.

SACHOT M., *L'Invention du Christ*, Paris, Odile Jacob, 1998.

SOLER J., *Vie et mort dans la Bible*, Paris, de Fallois, 2004.

THEISSEN G., *L'Ombre du Galiléen*, édition originale allemande Munich, chr Kaiser Verlaf München, 1988 ; édition française 1988, Cerf.

TROCMÉ E., *L'Enfance du christianisme*, Paris, Noésis, 1997.

VERMES G., *Enquête sur l'identité de Jésus*, édition originale anglaise Penguin Press, 2000 ; édition française 2003, Bayard.

VOUGA F., *Les Premiers Pas du christianisme*, édition originale allemande Francke Verlag, Tubingen, Bâle, 1994 ; édition française 1997, Genève, Labor et Fides.

WIGODER G. (sous la direction de), *Dictionnaire encyclopédique du judaïsme*, édition originale The Jerusalem Publishing House, 1989 ; adaptation française sous la direction de S.A. Goldberg, 1993, Cerf.

TABLE

Achevé d'imprimer en octobre 2007
*par **Bussière***
à Saint-Amand-Montrond (Cher)

La photocomposition de cet ouvrage
a été réalisée par
GRAPHIC HAINAUT
59163 Condé-sur-l'Escaut

Dépôt légal : octobre 2007. – N° d'édition : 14246.
N° d'impression : 073476/1.

Imprimé en France